JN275641

ホモ・ファーベル

西欧文明における労働観の歴史

HOMO FABER

アドリアーノ・ティルゲル［著］
小原耕一・村上桂子［訳］

ROMA
LIBRERIA DI SCIENZE E LETTERE
PIAZZA MADAMA, 19-20
1929

このさき何年かして、好きな労働に
《生きること》の法則と意味と光明を
発見したとき、
叔父のことを思い出してくれることを願って、
わが姪甥たちクラウディーナ・ヴィンチグェッラ、
マリアピーナとクラウディオ・カタリネッラに
この書をささげる

ホモ・ファーベル——西欧文明における労働観の歴史——目次

第1章　ギリシャ・ローマ文明における労働観

ギリシャ人は労働［lavoro］を本質的に労苦および苦痛と感じていた。このことを立証するには、ギリシャ語で労働を意味する言葉ポノス［ponos］がラテン語ポエナ［poena］と語根が同じである事実がわかれば十分ではないだろうか。Ponos にはイタリア語の疲労［fatica］、骨折り［travaglio］、刑罰・苦悩［pena］などと同じずっしり重い労務という意味がある。ただ、私たちは最も低くいやしいとされる（罰を受ける人間の）肉体労働の場合にしか、もはやこの意味をもたせることはないが、これとはぎゃくに、ギリシャ人にとっては、その意味はあらゆる種類の肉体労働ときってても切れない関係をもっていた。

このギリシャ的労働観について、詩人や哲学者たちは的を射た豊富な証言を私たちにのこしている。古代ギリシャの詩人ホメーロス（注1）によれば、神々は人間をひどく忌み嫌い、まさにこのために人間に働らくことを余儀なくさせた。ギリシャの軍人にして哲学者クセノフォン（注2）にとって、労働は苦痛の代償であり、ただこれとひきかえに神々はすべての善を私たちにほどこしてくれる。同じくギリシャの詩人オシオドス（注3）は無為と物乞いをとがめ、労働を説教する。そして

《働け！》は小農地所有者の倫理観の戒律を集めた掟（おきて）であった。ただその掟は労働にそれ自体の価値と尊厳とを認めているからではない。むしろどん底の飢えと富者ならびに強者への服従から自らを解放し、善良と正義の人となる道がきりひらかれる至福へと到達する唯一の手段が労働だからである。オシオドスにとっても、無上の幸福は働くことなく生きることであろう。そして、この幸福はすぎさった過去のものであったし、おそらくは未来のものでもあるだろうが、人間は神々に憎まれてしまったがゆえに、神々は食べ物を地下に埋め込み、人間が食べ物を手に入れようとのぞむなら、働かなければならないのだ。機械技術は、人間の魂（たましい）をおとしめ、真理について考えたり徳（ヴィルトゥ）を実践したりするのに不都合なものに変えてしまう。機械技術は、魂を醜（みにく）くするだけでなく魂を真理について考えたり徳を実行したりするには不向きなものに変えてしまうというのが、ギリシャの思想家たちの共通する考え方である。ただ農業だけは市民にふさわしいものである。というのは、農業は市民に生活手段を保証し、古代ギリシャの魂の至高の理想である市民の自立性の基礎をなすものだからである。

労働にたいするギリシャ精神のこの姿勢は、ギリシャ社会の根本の土台である奴隷制の原因であり同時に結果でもあるが、その奴隷制のもとで、筋肉労働はその大半が奴隷にまかせられた。奴隷にたいする蔑（さげす）みの心は、奴隷制がその根本の由来となった肉体労働にたいする蔑みと嫌悪感をさらに増大させたのである。そして、その結果として、蔑みの心は、奴隷よりもすこしはましだと考えられた自由な手職人や肉体労働者にもおこったのである。要するに労働は、ギリシャ人にとって、哲人アリストテレス[注4]が皮肉にも書いているように、「糸巻きがひとりでに動いたり爪がチュトラ[注5]をひとりでに音を奏でる」までは、少なくとも避けられない不運なのである。そしてプラトン[注6]とアリストテレスは、人類のうちの少数派たるエリートが芸術、哲学、政治など純粋な精神活動をおこなうことができるように、人類の多数派は私たちの必要を満たすために物質を加工する過酷な労務に適しているにちがいないという必然論によって、奴隷制を正当化したのである。

　ギリシャ精神が労働を、出来ることなら他人にまる投げしてでも避けるべき、うんざりするような労苦だと感じていたということは、一般的な経験およびヘレニズム世界観の当然の結果である。ギリシャ人にとって物や物体という外界は、始めも終わりもなく、絶え間ない永遠の、むなしい時の推移のなかで、自分の上を絶えずくるくる回転しながら、あらわれては消え、生まれては死に、出来上がっては朽ちてゆく現象の果てしない生成の繰り返しである（このことを私は『ギリシャ的生命観』で論じている）。外界という絶え間なく荒れ狂う嵐の海洋からのがれ、独自の魂の奥底に引きこもり、変化を回避して不変の自分（アイデンティティ）探しに没頭すること、これこそ、ギリシャ人が《生》に託した理想であった。だから、精神と現象の世界とを緊密な関係におくような活動はなんであれ、ギリシャ人にとっては、可能な限り最小限に減らすべきだし、少なくともすっかり払拭してしまうべき苦痛をともなう屈辱的な宿命に思われたのであった。ギリシャ人にとって、精神にふさわしい対象は真理であり、ギリシャ人は、真理を、精神以前に、精神の外で、また精神から独立して真理自体のなかに存在し、時間と変化からまぬがれたイデアの世界であると考えている。すなわち、精神によって認識することはできるが変えることはできないイデアの世界、純粋に見ることを対象とする世界であって、そのおかげで精神は、その対象物に没頭し対象物と一つになるのだ。このような世界観には、肉体労働のための余地はない。魂と物質を混同し物質との接触で魂を汚すことによって、肉体労働はイデアの視野から魂を遠ざけてしまう。肉体労働は最小限に縮小すべき、出来れば完全に排撃すべき不可避的な悪なのである。

人間を不可避的に物質と接触させる労働は、それが奴隷の労働であれ、自由な手職人の労働であれ、徳をその根もとから破壊する邪魔者である。「最善の国家［politeia=constituzione］であれば手職人を市民にすることはないであろう」（アリストテレス『政治学』第3巻第5章[注7]）。そして、手職人が優勢を占める国家は、アリストテレスによって最悪と判断されたのであった（同前、第4巻12章）。

科学や精密科学を敬うひじょうに高潔な精神をもつ本当の創造者の草分けであるギリシャ人が、その科学の実際の応用についてはあまり心がけず、イデアの純粋性と物質的事柄を混同するといってまったく相手にしなかったのは、このためでもある。ギリシャ人の科学者のなかで最大の学者の一人、アルキメデス(注8)は物質的事柄を「大部分が幾何学の悪戯か付属品」だとみなしていた（プルタルコス著(注9)『マルケロスの生涯』、14）。芸術活動でさえギリシャ人からは軽蔑された。プルタルコスはフェイディアス(注10)とかポリクレトス(注11)などをお手本にしようという若者は一人もいなかった、とのべている。

とりわけキケロ(注12)に代表されるローマ人の労働についての教義は、結局のところ、ギリシャ人のそれと共通している。キケロにとって、なによりもまず農業、ついで大掛かりな交易が自由人にふさわしいものであり、とくに田園の平穏の中での華麗なる隠遁生活がお好みである。その他すべての技術は卑しく恥ずべきものであった。小商業におとらず機械技術も、高利貸しにおとらず自分の労働の切り売りもそうである。心を儲けの追求にはしらせ、他者への従属に追い込むことによって、心をおとしめる（マルクス・トゥリウス・キケロ『義務について』）。ウェルギリウス(注13)にあっては、国と政治の偉大さだけでなく、それがなければ人が人でなく獣になってしまうような豊かで堂々とした生活の条件として、労働の考え方が言外にほのめかされている――ジュゼッペ・ボッタイ(注14)がこのことを強調したのはけだしもっともであった。サトゥルヌス（農業の神）の王国のもとで――とウェルギリウスは詠っている――土地は自ら必要なものを産み出し、人間たちは無気力のなかで《けだもの》のようになったが、天の神ジュピターは

《生》に困難を撒き散らし、苦悩で人間のこころをちくちくと突き刺し、人間をして無為から抜け出して欲求の刺激するところでさまざまな芸術を創りだすのを余儀なくさせた（『ゲオルギカ』第1章）。ルネサンスは、労働について人類の最大の要因となるこのウェルギリウスの気の利いた洞察力を、首尾一貫した、完全な有機体（オルガニスモ）としてさらに発展させることになるだろう。

富も労働と同じ評価を受けなければならない。個人の自足、自分自身の充足感と満足感、できるだけ大きな無欲感、あらゆる外的な事柄から解放される自立感を、《生》の最高の理想とする方向へと傾斜する古代の倫理観は、最大の不信感をもって富を見る。そして、富と徳とが絶対に両立できないことを強硬に主張したアンティステネ[注15]を見習おうとする者は少ないとしても、当時の通説がしめす方向は、貧困と富裕を、上手（じょうず）に利用しようが下手（へた）に利用しようが、徳と富には関わりない事柄だと宣言したことであり、これこそそのちに新プラトン派が自説とする中期ストア哲学［Stoa medio］の理論である。ローマのモラリスト（セネカ[注16]およびキケロ）はそこからやや先へとすすみ、賢人が富を所有する、というよりどちらかといえば富を探し求める、ただしもっぱら寛大さ、華麗さなどの社会的徳を行使する手段としてであるが、富を探し求めることを許した。アンティステネのきっぱりとした否定とローマのストア派の広い寛容の心の中間に、アリストテレスの理論があったわけである。アリストテレスはたしかに富の獲得を許したが、しかしそれは自然にわきあがる欲求の範囲内でのことであって、とくに金（かね）と富の獲得をはじめその範囲を超えたあらゆる富の獲得を、無限に溺れるものとして非難した。一つのイデアの中心をめぐるように、アリストテレスのこの理論をめぐって、あるときは厳密さを増し、あるときは厳密さを失いながら、富に関する古代のモラリストたちの理論は、揺れ動いたのである。

（注1）ホメーロス［Homeros］紀元前8世紀後半頃（?）に盛時をおく古代ギリシャの伝説的な詩人。英雄叙事詩『イリアス』（イーリアス）と『オデュッセイア』（オデュッセイアー）。

（注2）クセノポンまたはクセノフォン、クセノポーン［Xenophon BC427?－BC355?］古代ギリシャの軍人、著述家。アテナイの騎士階級の出身。

（注3）ヘシオドス［Esiodo］古代ギリシャの叙事詩人。紀元前七〇〇年ごろ活動したと推定される。『神統記』、『仕事と日（仕事と日々）』の作者として知られる。

（注4）アリストテレス［Aristotéles BC384－BC322］古代ギリシャの哲学者。中世スコラ学に影響を与えた。プラトンの弟子であり、ソクラテス、プラトンと共に、しばしば「西洋」最大の哲学者の一人とみなされるほか、その多岐にわたる自然研究の業績から「万学の祖」とも呼ばれる。またアレクサンドロス大王の家庭教師であったことでも知られている。著者には『天について』、『政治学』、『アテナイ人の国制』、『心とは何か』、『詩学』他多数。

（注5）チュトラ［cetre］古代ギリシャで使われたリュートに似た撥弦楽器。王族や英雄の伝説の語りの伴奏に使われたといわれている。

（注6）プラトン［Platone BC427－BC347］古代ギリシャの哲学者。ソクラテスの弟子でアリストテレスの師。『ソクラテスの弁明』や『国家』等の著作で知られる。現存する著作はほとんどが対話篇という方式を採っており、一部の例外を除けば師のソクラテスを主要な語り手としている。

（注7）アリストテレスの「国制」「国」の言葉に相当するイタリア語をティルゲルはcostituzioneを使っている。京都大学学術出版会発行の西洋古典叢書『政治学』（牛田徳子訳）では「最善の国であれば手職人を市民にすることはあるまい」となっている。

（注8）アルキメデス［Archimedes BC287　シチリア－BC212］古代ギリシャの数学者、技術者。

（注9）プルタルコス［Plutarchus 46～48－127?］帝政ローマのギリシャ人著述家。著作に『対比列伝』（英雄伝）などがある。英語名のプルターク（Plutarch）でも知られる。

（注10）フェイディアス［Pheidias BC430－BC490?］ギリシャの彫刻家、画家、建築家。

（注11）ポリクレトス［Polycletus　生没不詳］古代ギリシャのもっとも著名な彫刻家の一人。代表作『槍をかつぐ人』

（注12）マルクス・トゥリウス・キケロ［Marcus Tullius Cicero BC106－BC43］ローマ共和政末期の政治家、文筆家、哲学者。『キケロ書簡集』、『キケロ弁論集』など邦訳書も多い。

（注13）プブリウス・ウェルギリウス・マロ［Publius Vergilius Maro BC70－BC19］は、古代ローマの詩人。ヴァージルともいう。『牧歌』、『農耕詩』、『アイネーイス』という三つの叙情詩及び叙事詩を残した。ヨーロッパ文学史上、ラテン文学において最も重視される詩人である。

（注14）ジュゼッペ・ボッタイ［Giuseppe Bottai 1895－1959］イタリアの政治家、ムッソリーニ政

権下の協同体相、国民教育相

（注15）アンティステネ［Antistene BC444－BC365］ギリシャの哲学者、キニク学派を創設。

（注16）セネカ［Lucius Annaeus Seneca BC4－65］ラテンの哲学者、政治家。著書には『人生の短さについて・心の平静について・幸福な人生について』、『怒りについて・摂理について・賢者について』、『道徳論集』、『道徳書簡集』、『自然研究　自然現象と道徳生活』他がある。

第2章　ユダヤ文明における労働観

ギリシャ人同様、ユダヤ人の目にも、労働は本質的に刑罰・苦悩・疲労・骨折りと映っていた。しかしギリシャ人が、人間はなぜ辛い労働を強いられる定めなのかということを理解できず、なぜ来世という故国での祝福された座から魂がこの地上に落ちてきたのか？　あるいはなぜ物質は観念［Idea］の脇や外に存在するのか？　といった問いに答えるすべを知らなかったのに対して、ユダヤ人はこのような問いに答えることができた。彼らはこう答えるのである。「人間が働くことを余儀なくされているのは、エデンの園で我々の先祖のアダムとイヴが犯した原罪を償わなければならないからである」（創世記［Genesi］第3章17－19節）。

タルムード［Talmud］(注1)はこう言っている。「人間は獣や鳥のように食糧を見つけることはできないが、それでもなんとか自力でそれを稼ぎださなければならないとすれば、それは罪のためなのである」（キッドゥーシュ［Kidduscin］82）(注2)。ユダヤ人にとって労働は、ギリシャ人にとってと同様、辛い骨折りではあったが、もはや盲目的に従わなければならない不可避の運命ではなく、刑罰であり、贖罪であり、それによって人間が祖先の罪を償い、失われた精神的尊厳を取り戻すことができるものとなったのである。こうして労働は、ユダヤ人の直感的認識の中で、価値・尊厳・意味を獲得した。ユダヤ人は畑で仕事にはげむ労働者を見れば、必ずあいさつし、祝福した（詩篇［Salmo］第一二九章）。しかしそれにもかかわらず、労働は常に厳しい「くびき」、耐えがたい重荷であり、旧約の伝道の書［l'Ecclesiaste］も、「人間の労働は魂を満たしてはくれない」とため息をついている。

労働は人間の法であり、神の掟ではない。世界を創造した神の活動は、人間の労働とは何の関係もないのである。人間の労働は骨折りであるが、神の活動はほとんど遊戯であり、乗り越えるべき障害のない無限のエネルギーの自由な行使なのである。「神は弱ることはなく、また疲れることなく」、「弱ったものには力を与え、勢いのないものには力を増し加えられる」（イザヤ書［Isaia］第40章28節）。そしてまさにこのエネルギーの愉快で楽しいほとばしりこそ、堕落する前のエデンの園における人間の労働だったのである。

そのため、創造の仕事より上にあるのは、ヤハウェ（Jahve＝エホバ、神）の休息である。「その日に神は創造の活動をすべて終わり収拾し休まれた。外部の作業へと広がってはいかず、完成したものの中に満足と喜びを見出された」。従って全ての日の中で最も聖なる日はヤハウェが休息した日、安息日（土曜日）である（創世記［Genesi］第2章3節）。土曜日の休息によって、人間は創造する日々に続く崇高な安静を共有し、しばしの間、自分自身ばかりでなく、人間であれ動物であれその僕たちも含めて、つらい労働の掟から解放されるのである（申命記［Deuteronomio］第5章14－15節）。

ヤハウェは、労働がたとえ贖罪であるとしても、人間の生活のあらゆる喜びを奪うような刑罰になることは望まない。また人間が富をためこむ空しい努力に身をすり減らして働いて、自らの創造主である神を忘れることも望まない。富はヤハウェがその気になりさえすれば、無為に過ごす怠惰な者の上にも降らせることができるものなのである。

労働に対するユダヤ人のこのような姿勢の根源は、彼らの生命観、世界観の中にある。ユダヤ人にとって人間の使命とは、原罪によって壊された宇宙の統一と調和を回復すること、また人間が自由を悪用したために混乱し動揺した世界を、神の活動によって最初に生命を与えられた時に支配していた深淵な調和へと復元させることである。世界は単に存在するのではなく、存在しなければならないものである。単に受身で観想するためにすでに与えられた現実ではなく、人間の努力によって実現されるべき理想なのである。《生》は同じことや同じ結果の繰り返しではなく、原罪によって壊された原始の調和を回復する、漸進的で継続的なプロセスなのである。ユダヤ人の心に映るこのプロセスの終点は、地上における神の王国である。それも神の超自然的な突然の介入によって、つまりメシアの出現によって、すべて一度に、そして一回きりで実現する、かつて存在した正義と幸福の間の調和の回復として理解されている。

労働に対するユダヤ人の姿勢に、この終末思想が互いに矛盾する二つの影響を与えた。

一方の考え方では、特に黙示文学に現れるメシアの待望は、人間の魂を、未来へ、荘厳なできごとと想像される間近に迫った神の王国の到来へと向けさせて、物質的な労働から逸らすのである。神の王国の出現は、神によって前もって定められた瞬間に、突然荒々しくすべての過去と現在の歴史を断ち切り、永遠に人類の歴史を閉じるものである。だとすれば、突然の神の介入によって解放された地上に正義と幸福の完全なる調停が実現するのであれば、一体何の目的で、働くことを繰り返しながら地上の幸福や正義をほんの少しずつ実現させようとあくせくするのか？　またラビ・シメオン学派は[注3]、物質的労働は精神的労働の時間を奪うので、非難されるべきものであると主張する。つまりユダヤ人が、彼らの天の父の御心を実行しようとする時は、彼らの労働は他人の手によって成し遂げられる。反対にこの御心に抗う時には、自分のためばかりでなく他人のためにも自ら働かなければならないのである（ベラコス［Berachoth］f.35)。またシリア語のバルク黙示録は[注4]こう言っている。「人間は現存するいかなるものについても思い煩ってはならない。人間は来るべき約束されたものを心穏やかに待たなければならない」(83、4)。そして再生された地上では、人間はもはや必要なものを得るためにつらい仕事をする必要はない。何故なら、あらゆるものを生み出す大地が人間に最高のものを与えてくれるはずだから。小麦や果実は無限に生産され、羊や牛は丸々と太り、羊もヤギも永遠に子を産み続ける。そして大地からは真っ白い乳の甘美な泉がほとばしり出るであろう（3 sib. 744-9）。

さらに多くの預言者は利益をあげる労働とその結果を、また節約と富を過小評価し、金持ちや権力者を悪者とみなし、貧者や弱者をあたかも聖人であるかのように語っている。終末論の文献の中では、神の裁きによって新たな秩序がもたらされると、そこでは本質的に不正義で暴力的とみなされている富者、権力者、王はその面目を失い、もてるものを奪い取られ、同時に正義や聖性と同一視されている貧者、弱者、被抑圧者が勝利をおさめるように描かれている。

もう一方の考え方では、ラビ教義の文献において、メシアの到来を否定することなく、神の王国を、今ある現実の中からゆっくりと姿を現す何ものかであるように思い描く傾向がある。それは善なる意志のおかげであり、仲間と兄弟愛で結ばれた人間の労働のおかげなのである。終末論は到達点に重きを置き、ラビはそこへと導く道筋に重きを置く。ラビの視点では、労働は知的労働ばかりでなく、手仕事もまた大きな価値と尊厳を取り戻した。「労働を愛せよ」はサメア［Samea］の原則である（ミシュナトラクタート・アボット［Mischnatraktat Abot］1章10節）。働く人間は、いまや世界の維持と原罪によって壊された宇宙の回復という偉大な事業における神の継承者であり協力者であるようにみえる。働く人間は、神の仕事を支配する原則と人間の仕事を支配する原則の間の越えがたい隔たりを埋めることを目指す。つまり人間の仕事は、カバラ(注5)の教義に従って、創造の御業によってあまねく行きわたった神のエネルギーを引き継ぎ、長く持続させることなのである。エデンの園においても、アダムは労働によって食糧を手に入れなければならなかった。そしてそこを追放されてさらなる苦しい労働を課せられることになったがそれを喜んで受け入れた。労働に関して、神は人間と契約を結ぶ。アダムに様々な労働の手段を教えたのは神である。砂漠のマナ（ユダヤ人が天から授かった食べ物）は、何事かを成し遂げた時にのみ、ユダヤ人に許された。いかなる労働も、たとえ下等なものであっても、無為ほど不快ではない。無為はふしだらを生み出し、人生を危険に陥れる。それゆえ、ラビ・イスマル派は、文明の労働、産業は神の法（モーゼの律法）、観想に結びつくと規定した。パリサイ人は、律法の教えは人間の手仕事を除外してはいないと主張するがそれでもまだ十分ではないと言う。彼らは人間の勤勉を称賛し、労働を奨励し、これを無為の瞑想よりも好ましいもの、健康のために必要なものとみなし、息子に実直な職業を教えようとしない父親を非難した。「牛のようにくびきに体を屈める人間に祝福あれ。ロバのように荷を背負ったものに祝福あれ」（アヴォダー・ザーラ［Avodà Zarà］5）。「労働に生きる者は、神を恐れる者より優れている」（ベラコス［Berachoth］8）。

それでもやはり、たとえ神の国が無限に遠のくとしても、神の国という終着点がパリサイ人の視界からすっかり消えることはない。そこでは労働のための場所はもはやないであろう。なぜなら、パリサイ人にとっても、復活した王国は祝福された無為の時代であり、パンや衣服がみごとに作られて地上から湧き出て、一房のブドウが家族全員の渇きを長きにわたって十分に癒してくれるはずだからである。

（注1）タルムード〔Talmud〕
ヘブライ語で「研究」の意味。ユダヤ教の法律集。神はモーゼに対して書かれたトーラーとは異なる口伝で語り継ぐべき律法を与えたが、この「口伝律法」を収めた文書群「ミシュナ〔Mishnah〕」とこれの膨大な解説書である「ゲマラ〔Gemera〕」をあわせた全体をさす。三七五年頃パレスチナで編集されたPalestinian Talmudと五〇〇年頃バビロニアで編集されたより大がかりなBabilonian Talmudがある。

（注2）キッドゥーシュ〔Kidduscin〕①ユダヤ教で安息日や祝祭日の食前に行う祈りのことば。②祈りの後の祝宴。

（注3）ラビ・シメオン〔Rabbi Simeon〕ユダヤ教の指導者。ヤコブとレアの子でシメオン族の祖。

（注4）バルク〔Baruch〕①預言者エレミア〔Jeremiah〕の弟子でエレミアの予言を口述で筆記した。②バルク書。バルクが著したとされる聖書外典。

（注5）カバラ〔Kabbala〕ユダヤ教の伝統に基づいた創造論、終末論、メシア論を含む神秘主義思想。ヘブライ語で「伝承」、「受け入れ」を意味する。

第3章　ゾロアスター教における労働観

労働を高く評価するユダヤ教の考え方には、おそらく古代ペルシャの宗教の何らかの影響があったと考えられる。これははっきりした年代の確定はできないが、また実在の人物か神話上の人物かもはっきりしないが、布教家ゾロアスター（ツァラトゥストラ［Zaratustra］＝BC1500－1100?）によって創設された宗教である。

ゾロアスターの宗教は、宇宙を相反する二つの原理の闘いであると主張することで知られている。一つはアフラ・マズダ［Ahura Mazda］＝善の原理、宇宙の法たる神であり、もう一方はアングラ・マイニュ［Angra Mainyu］＝悪の原理である。この世の創造以来、この二つの原理は闘い続けてきた。宇宙の歴史の現段階においては、二つの力はほぼ均衡が保たれているが、この世の終わりには、間違いなく善の原理が勝って、完全に悪を消滅させるように定められている。ゾロアスター教では、アフラ・マズダを信仰する者は、アングラ・マイニュとの闘いにおけるアフラ・マズダの協力者、同盟者であり、彼と同じように善の創造者であると考えられる。この善は、哲学的教育を受けていないペルシャの民衆の心には、物質的善、道徳的善の区別なく見えていた。人間の生活に役に立つ多くのこと――日、水、小麦、犬、雌牛などは善であり、抽象的な善の感情や善行と同等である。悪は悪意であり、また有害な動物・植物、仲間の怒りでもある。

アフラ・マズダの完全無欠な崇拝者は、土地を耕し、豊穣にする農民である。大地は幸福である。第一に、そこで信者が祈りを捧げる。第二に、そこで「信者が家を建てる。それからその家で家畜が育ち、徳が育ち、飼葉が育ち、犬が育ち、女が育ち、赤ん坊が育ち、火が育ち、人生のすべての良いものが育つ」、そして第三に、「そこで人間はまず小麦の種をまき、草、果実、木の種をまく。乾燥した土地には水を引き、湿地からは水を抜く」。

犬や牛がいて、飼葉や小麦が育つところからは、悪［devas］、アングラ・マイニュの悪魔は逃げていく。大地は耕されることを喜び、働く者に豊かな収穫という褒美を与える。つまり、偉大で厳粛な格言の言うとおり、「小麦の種をまく者は、善の種をまく」のである（ゼンダヴェスタ［Zendavesta］＝ゾロアスター教の聖典、ヴェンディダート［Vendidad］＝除魔書、ファルガルド［Fargard］３章）。

かくして、経済活動は肯定的に評価される。土地を持つ者は持たない者よりも評価される。「家を持つ者は持たない者より勝っており、息子を持つ者は持たない者より優れている。財産を持つ者は持たない者より優れている」。そして食べる者は食べない者より優れている。つまり「すべて宇宙が活性化するのは食べることによるのであり、食べなければ宇宙は滅びる」のである。

逞しく活動的な精神、そして無骨で禁欲的な精神は、ユダヤ教とは違って、完全に楽観的な終末論にたどり着く。最終的にアフラ・マズダが勝利し、アングラ・マイニュが完全に消滅するという明るい未来の展望が支配しているのである。

第４章　イエスの労働観

労働についてイエスが語った考え方を特徴づけることは、たいへんむずかしくデリケートな課題である。

一見したところイエスの予言は、天の父による救済を最も信頼しこれに無邪気に身をゆだねることを説き、労働と富にたいする最も根本的な蔑み（さげすみ）の心を教え込もうとしているように見える。経済的な労働に抗う（あらがう）イエスはこうのべる。「だから、わたしはあなたがたに言います。自分のいのちのことで、何を食べようかと心配したり、またからだのことで、何を着ようかと心配したりしてはいけません。いのちは食べ物よりたいせつなもの、からだは着物よりたいせつなものではありませんか。空の鳥を見なさい。種蒔きもせず、刈り入れもせず、倉に納めることもしません。けれどもあなたがたの天の父がこれを養っていてくださるのです。あなたがたは、鳥よりもっとすぐれたものではありませんか？　あなたがたのうちだれが、心配したからといって、自分のいのちを少しでも延ばすことができますか？　なぜ着物のことで心配するのですか？　野のゆりがどうして育つのか、よくわきまえなさい。働きもせず、紡ぎ（つむぎ）もしません。…きょうあっても、あすは炉に投げ込まれる野の草さえ、神はこれほどに装ってくださるのだから、ましてあなたがたに、よくしてくださらないわけがありましょうか。信仰の薄い人たち。そういうわけだから、何を食べるか、何を飲むか、何を着るか、などと言って心配するのはやめなさい。こういうものはみな、異邦人が切に求めているものなのです。しかし、あなたがたの天の父は、それがみなあなたがたに必要であることを知っておられます。だから神の国とその義とをまず第一に求めなさい。そうすれば、それに加えて、これらのものはすべて与えられます。だからあすのための心配は無用です。あすのことはあすが心配します。労苦はその日その日に、十分あります」（マタイの福音書、VI、25－34　ルカの福音書、XII、22－31）。そして富にたいしてはこう述べる。「自分の宝を地上にたくわえるのはやめなさい。そこでは虫とさびで、きず物になり、また盗人が穴をあけて盗みます。自分の宝は天にたくわえなさい。そこでは、虫もさびもつかず、盗人が穴をあけて盗むこともありません。あなたの宝のあるところに、あなたの心もあるからです」（マタイの福音書、VI、19－21、ルカの福音書、XII、33－4）。「だれも、ふたりの主人に仕えることはできません。…あなたがたは、神にも仕え、また富にも仕えるということはできません」（マタイの福音書、VI、24）。「世の心づかいや、富の惑わし、その他いろいろな欲望がはいり込んで、みことばをふさぐので、実を結びません」（マルコの福音書、IV、19）。「金持ちが神の国にはいるよりは、らくだが針の穴を通るほうがもっとやさしい」（マルコの福音書、X、25）。「もしあなたが完全になりたいなら、帰って、あなたの持ち物を売り払って貧しい人たちに与えなさい。そうすればあなたは天に宝を積むことになります。そのうえで、わたしについて来なさい」（マタイの福音書、XIX、21）。

イエスの予言には、一方で労働と富、他方で宗教的生活と王国の獲得とのあいだで根本的な対立関係があからさまに表明されているように見える。物質的な生計の資を心配するのは神の息子ではなく異端者である。神に仕えるものは、同時に金持ちになることに熱中することはできない。そして、金持ちになることに夢中になるだけでなく、ただ単に富を所有することも、天の王国に入るのをことのほかむずかしくする。完全を望もうとするものは、一切を、すべてを、つまり余分なものだけではなく必要なものも投げ出して、貧しい人たちに与えなければならない。これらすべての指示は、文字どおりに受け取ることが必要であるが、やや注意深く検討してみると、それらの指示の意味を和らげ、その意味をより過激でも厳格でもない態度となんとか調和させようとする努力となってあらわれてくる。要するに、一瞥（いちべつ）したかぎりでは、イエスのメッセージは経済活動を全面的な断罪で射抜こうとしているように見える。

しかしながら、よく見てみると、イエスの態度は、労働と富を断罪すべきものとしてあっさりと禁欲的に否定することですまされているわけではない。富が敵対的なものであるとしても、物質的に考えるなら富はそれ自体で悪いものであるからではなく、富の獲得と所有に付随する心遣いが、ひとり本当に大切なことであるはずの王国と神に仕えることを必然的に見失わせてしまうからなのである。富に心をくだく人はマンモナ（財貨の神、悪徳としての富）に仕えるが、マンモナに仕える人は、同時に、神に仕えることはできない。同じ理由で、着物や日常の食べ物に心をくだくことは神を見失うゆえに有害なことであり、また無益なことでもある。というのは、着物と食べ物を手に入れることは人間に由来することではないし、神に由来しないものは何もないからである。要するに、イエスにとって、ほんとうに大切な唯一のこと、すなわち人間と神のあいだの関係を離れたところで大切なことは何もないし、この関係はイエスにとって神にたいする絶対的信頼であり、日日の生活のために人間が必要とするすべてのことについて神の摂理（せつり）に信頼して身を任すことであり、人間とこの地上および地上のつかの間の財とをむすびつけるいっさいの物質的関心を全面的にのりこえることでなければならない。まさにそれゆえに、イエスにとってこれこそ人間と神との信仰的関係であり、地上のあらゆる物質的なことがらを心配するのは異端者のすることであって、神の息子のすることではない。

　したがって、イエスの見るところ、ここには禁欲的なことは何もない。ふつうの終末論的な見方では、地上の善はつねに善とみなされながら、しかしその善はこの地上では諸悪があってこそ成り立つものであり、王国で楽しみを味わいたいと願う人はこの世においてはこれら諸悪をあきらめなければならないのであるが、イエスにとって、それ自体で財とみなされる物質的財はいかなる価値もなく、それら物質的財をもたざることは、敬虔な人にとっては、それによって埋め合わされてしかるべき悪ではないのである。邪まな富者や強者がいることは、神が矯正すべき義務をもつ誤りではなく、ひたすら神の限りない善意を証明する事実であり、この神の善意が善悪関係なしにすべての人の頭上に雨を降らせ陽を昇らせるのだ。労働と富は、それらがはかない物質的ことがらへの心配をうみだす限りではじめて、イエスによって断罪される。そして労働と富は実際にその心配からうみだされ、だからこそ、唯一大切なことを神と王国から引きはなそうとする。イエスは労働と富それ自体を断罪しないし承認もしない。労働と富それ自体は、イエスにとって倫理的にはどうでもよいことであり、イエスにとって人間が現世に執着し神を忘れるときにはじめて否定的なものとなる。物質的幸福と宗教的価値とのあいだの終末論的敵対関係はこのように乗り越えられる。地上は空っぽのままで、これら二つの極の将来の和解のためにのこされている。だがこの和解はイエスの仕事ではなかった。両者の間で和解がおこなわれるはずであった二つの極のうちの一つ、物質的財をないがしろにして、イエスは和解をおこなうことはできなかったのである。

　地上への神の王国の差し迫った到来にたいする陽気なほどの確信に磐石のごとく深く根を下ろし、神聖にも《絶対》に差し向けられた精霊たるイエスは、家族や国家や富や労働の諸問題を、それぞれ独立した問題として自らに提起することは決してなかった。イエスはただ単にそれらの問題を非本質的なこととして無視した。イエスにとってひたすら重要だったのは次のことである。精霊は、栄えある王国の差し迫る到来への楽しげな期待のなかで、いっさいが神に差し向けられているということ、そして精霊が悔(かい)しゅんの情をもってそれに関与し、関与するにふさわしいものになること、これである。

第5章　古代キリスト教の労働観

古代キリスト教は、労働の問題をユダヤ人の伝統にならって捉え、解明した。つまり、労働は原罪の結果、罰として神から人間に課されたものとしたのである。しかし贖罪という完全にネガティヴな性質に加えて、古代キリスト教は、労働に肯定的な役割もあると認識していた。つまり働くことは生活の糧を自ら稼ぎ、人の助けを借りないために必要であるばかりでなく、なによりも財産は、貧しい兄弟たちに施しをするために必要なものなのである（エフェソス人への手紙［Efesi］4章28節：バルナバの書簡［Epistola di Barnaba］19章10節）。

こうして労働は愛と慈善行為の手段となり、このような行為からあふれ出る神の光が労働の上に降り注ぐ。神の光は、労働の上に、そして富の上に降り注ぐ。富はもはや悪業の同意語ではなく、魂の救済のために避けるべきものと規定されることもない。それどころか、貧しいものの惨めさを緩和し、神のもとでの功績を得るのに役立つならば許されるものとなったのである（テモテの第一の手紙［1 Timoteo］6章17－19節：ディダケー＝使徒教書［Didaché］4章：ヨハネへの第一の手紙［1 Giovanni］3章17節）。

労働はこうして肯定的な評価を獲得する。ついに労働は心と体の健康にとって必要なものとなった。労働がなければ、無為の沼に足をとられて、悪しき考えや邪な本能の餌食となってしまうであろう。ここから、職のない労働者に無為に陥ることのないように仕事を与えるというキリスト教社会の義務が生じる。そしてもしその者が働くことを強く拒否したなら、その者を集団から追放するのである（ディダケー 12章）。この時はまだ、知的労働と肉体労働の区別は存在していなかった。ユダヤ教のトーラー（律法）の博士が、律法の研究と手仕事を交互に行っていたように、福音の伝道師パウロも、労働によってパンをかせぎ、またパンによって誰の負担にもならないようにしてきたのである（テサロニケ人への第二の手紙［2 Tessalonicesi］3章8節）。

それにもかかわらず、いかなる固有の価値も、いかなる独自の尊厳もいまだに労働には認められていなかった。もし労働が、何らかの精神的尊厳を持つとすれば、それは例外的に、価値ある目的のための手段としてのみである。労働それ自体は、何の価値も重要性も持たないのである。労働によって自らの社会的地位を高めようとするのは無駄なことである。もうすぐこの世が終わるというのに。万人にとって最上のことは、福音書の思し召しのままの状態にとどまっていることである（コリント人への第一の手紙［1 Corinti］7章20節）。この世の物事について、キリスト教徒は案じてはいけないし、望んでもいけない。それを望んだり案じたりすれば、キリスト教徒としての人生から逸れてしまうことになる（ヨハネへの第一の手紙、テモテへの第二の手紙4章、クレメンス［Clementia］の第二の手紙）。多くのことに忙しい者、多くの事柄に関わる者は、必然的に多くの過ちを犯し、そのために救われない。せいぜい一つのことに専念していれば身を守ることができる。このようにして、ヘルマスの牧者[注1]は、罪を避けるためには無気力と観想的な無為が良いと教える。ヘルマスの牧者はまた、富は神から魂を遠ざけ、キリスト教を異教の世界へと陥れる罠であると説く。テモテへの第一の手紙は、富への欲望はすべての悪の根源であると非難する。そして厳格に衣食に必要なものだけで満足せよ、それ以上を求めるな、と教えている。

最終的には、ヨハネへの手紙と黙示録は、富と悪業を同一視するユダヤ人の考え方に戻っていった。このキリスト教社会の黎明期において、富めるものは概して異教徒であったという事実から容易にそのような発想が生まれるのである。そして金持ちに対して最も恐ろしい災いが降りかかることになるのである。

初期キリスト教徒が生きていた社会のごく普通の生き方とはどのようなものであったか。彼らはこの世にありながら、自分たちをその世界の外に置き、この世の終わりを待ち望みながら生きていた。彼らは相対的世界に生きながら、死ぬことのない絶対的世界に目をすえて生きていた。彼らは現実のこの今の世界に何の絆（きずな）も感じず、労働によって境遇を改善しようという衝動を感じることもなかった。彼らはこの世を捨てるためにのみこの世で生き、神の証人となるためにのみ生きていた。そして金儲けや財産を増やすための努力は、常に道徳的、政治的なあらゆる悪の源になる可能性があると考えていたのである。

時が流れ、すぐにも来るはずだった王国、だが決して実際に来ることはなかった王国への待望からキリストの到来へと、つまり王国から教会へと、新たなキリスト教社会の重心は移って行った。終末論の待望を再び闇の中へと追い返し、この世を長く続く、すぐには終わらない世界と考えてその状態に適応するために必要な準備が行われるようになった。それにつれて社会的な問題がクローズアップされ、中でも特に労働の問題は看過できないものとなった。ここでもまた、他のこと同様、理論を体系づけたのは聖アウグスティヌスである。(注２)彼は、労働は修道士にとってのみ義務的なものであると規定した。修道士は、修道院に必要なものを用意し、兄弟愛をはぐくみ、邪悪な楽しみを魂と体から追い払うために奉仕する。俗世では、富める者は自分の財産を神から彼に託された善として尊重し、管理しなければならない。残りは寄進をすることにより貧しい者に帰属するのである。聖アウグスティヌスは、適切な仕事として、手工業、農業、小規模な商いを挙げている。利益は禁じられ、商売は「適切な価格」の範囲内で行われなければならない。最善なのは、所有権の放棄と修道院での生活である。この世において、社会的区分、階級、身分制度はそのまま残るべきものである。たとえ強引に生まれたものであっても、それは必要であり有益である。聖アウグスティヌスは奴隷の身分の存在も認めていたが、彼らが人間的な扱いを受けるよう要求した。最も好ましいのは、神から人間を遠ざけることが最も少ない労働、つまり損失や儲けを気にして心を煩わせることの最も少ない労働である。かくして聖アウグスティヌスは、大規模な商売を根本的に有罪なものとみなす。まさにこの大規模な商業活動こそ、農業とともにギリシャ人やローマ人が唯一自由人にふさわしい労働と判断していたものであった。ごく簡素な日々の糧に必要な額を上回る儲けを得ようという動機から発するあらゆる労働は、聖アウグスティヌスおよびすべての教父たちから厳しく非難された。

このように、カトリック教は労働に権威を与え、すでにあったユダヤ教の労働観に、新たな価値と精神的な尊厳をつけ加えた。ギリシャ世界に顕著であった貴族階級の勤労諸階級に対する蔑みは減少した。修道院、特に修道士が労働と祈りを交互に行うベネディクト会の修道院から市民社会の中へと、この労働に対する崇拝が広がっていった。ベネディクト派の修道院では、かつては貴族あるいは王族の身分であった者が、虚弱な体を屈めて、卑しい仕事にたずさわっていた。「働け！　絶望するな！」という聖ベネディクトの偉大な言葉が何世紀にもわたって響き続けた。しかしこのように称賛された労働も、いまだにそれ自身が高貴なものというわけではなかった。相変わらず、浄化、あるいは慈善行為、あるいは贖罪の道具でしかなく、労働それ自体には何の価値も認められていなかった。カトリック教が最も称えたのは宗教的、知的な労働である（たとえば文書を読むこと、写本をすることなど）。手仕事は、修道院の生計を維持するために必要なものに限られていたばかりでなく、精神的仕事を禁じられていた世俗の同信者の肩に押し付けられていた。このように精神的な仕事と物質的な仕事の間には徹底した区別があった。名誉を与えられた仕事は修道院の中で行われるものだけである。この世で行われる仕事、世俗の仕事は、寛大な慈悲の心で見守られてはいたが、一切敬意を払われることはなかった。そして修道院内の精神的な仕事よりもさらに上に置かれるのは、神についての純粋な観想、受身の瞑想である。

こうして神の王国への期待が背景に退き、教会は今や現世に、社会に順応する。それは完全で神性を持つものとして成立している社会であり、真に重要な来世という唯一のものを見据えた社会である。従って、現世と結びつき労働によって状況を変えようとするような衝動はすべて根元から断ち切られる。来世への興味は常に現世へのそれを凌駕する。そして来世への興味は神に関することをじっと観想し瞑想することによって満たされるのである。真のカトリック教徒は、労働によって地上の、そして社会の局面を変えることを決して使命と感じない。なぜなら彼らは、すでにこの世にありながら、決して変えることのできない社会——完全で神性を持つために変えることができないのではなく、この世にありながら来世へしっかりと視線を向けているために変えることのできない社会——に参加しているからである。

（注1）ヘルマスの牧者［il Pastore d'Erma］ヘルマスはローマの司教。2世紀半ばに『牧者』という道徳のすすめを比喩の形で書いた。

（注2）聖アウグスティヌス［Sant' Agostino 354－430］初期キリスト教神学者。

第6章　中世および近世カトリックの労働観

11世紀から14世紀にかけて、カトリック教会の存在そのものをほとんど危うくするほど全ヨーロッパを埋め尽くした無数の異端宗派の説教から判断して、労働がそれらの宗派の中で名誉と尊厳を増していったと考える人は、大きな過ちを犯すことになるであろう。これらの宗派のほとんど（カタリ派［Catari］、ヴァルドー派［Valdesi］、貧しきロンバルディア人［Poveri Lombardi］、アルノルドゥス派［Arnaldisti］、フラティチェッリ派［Fraticelli］等々）は、聖職者を含めたすべての者に、自らの手で生きるための糧をかせぐ労働を課した。しかしこのような定めの奥に透けて見えるのは、決して労働の尊厳の意識の高まりではなく、現世を捨て自らの財産を放棄する精神、富に対する軽蔑と貧困を礼賛する精神である。つまり本質的に貧しく禁欲的な精神である。これはキリストのメッセージを誤って信じ、貧困の中に絶対的な宗教的価値を見出し、そこからの必然的な帰結として、単に自らの手で生きる糧をかせぐという掟を導きだすものである。これはアッシジの聖フランチェスコ（フランチェスコ修道会の創始者、1182?－1226）の見解ともあまり違わない。彼もまた修道士たちに自分の手で生きる糧をかせぎ出すよう義務づけていた。彼の考えの中で労働の掟は本質的に禁欲の精神から生じるものであるから、労働は日々の糧と施しのみを目的とした、粗野な手仕事だけに限られることは明らかである。

何世紀も経過するにつれて、カトリック教会はますます現世に近づき、ますます現世の価値観に適合するようになった。そしてカトリックの教義の中で労働は正義にかなった行為と認められ、より大きな承認を勝ち得ていた。現世の価値観の中では労働が最も重要であった。トマス・アクィナス(注1)によれば働くことは生来の宿命である。彼にとって労働は、(遺産相続とともに)所有権と収入の唯一の合法的源泉である。彼は社会的必要性に応じた職業のヒエラルキーを想定したが、まず第一にランクされたのは農業、次が手工業、最後が商業であった。それゆえ利子を取って金を貸すことは禁じられた。利子は労働に対して支払われるものではない故に不法所得になるからである。自然と神の計画に従って、労働に基礎を置く身分や同業組合(ギルド)といった社会区分が築かれた。また労働は「公正価格」によって報いられなければならないとした。これは労働者とその家族に生きていく上で最小限必要なものを保証する適正な価格という意味である。基本的にトマス・アクィナスの労働論は、当時の一般的なブルジョアの社会習慣の理論化であり、完全に市民とブルジョアの理論だったのである。これは歴史的に見て大きな進歩である。この時から、スコラ哲学の概要の中で、労働はもはや生来の権利であり義務であって、財産および所得の唯一の正統な根拠として現れる。しかし、ブルジョアの理論とはいっても、この理論はいまだに中世的である。各個人は、親の職業を世襲的に引き継ぎ、その身分と階級にとどまっていなければならなかった。ある階級から他の階級へ、労働を介して移ることは認められていなかった。それは神が望む社会秩序を破壊する行為とみなされ罰せられた。政治の最高権力者が嫉妬深くこれを監視していたはずである。そしてこの最高権力者に、神の代理人として公正価格の確定が委託された。これは自由競争による価格の上下を回避し、働く者にその身分にふさわしい生活を保証するためのものである。しかし、トマスもまた世俗的な仕事よりも上位に聖職者の仕事を位置づけた。あらゆる労働の上に純粋な観想を置いた。彼にとっても真に宗教的な人間は修道士であった。労働は個人およびその個人が所属する集団を扶養するために必要であるという点においてのみ、義務なのである。その目的がなければ人間は働く必要がない。働かなくても生きていける者は労働を免除される。神に祈り、神を観想する方が望ましい。この点でトマスは『キリストの模倣［L'Imitazione di Cristo］』の著者と同意見である。(注2)

事実、トマス・アクィナスにとって人間の労働は、彼以前のまた彼以後のスコラ哲学者にとってと同様、しっかりと安定した秩序に支配された生来の階級的な社会の中で繰り広げられるものなのである。この秩序は決して人間の働きによってできたものではなく、神から直接もたらされたものである。労働はその秩序を尊重しなければならない。秩序は彼にとって絶対的な境界を成立させるものである。社会階級と職業は、神による不変の形態である。つまり労働よりも先に存在するものなのである。労働がそれらを創り出すのではなくそれらが提供するすでにある枠組みの中で労働が繰り広げられるのである。精神を現世の小さな区画に限定する単なる肉体労働よりも上位にあるのは観想である。観想によって精神は神の秩序に導かれて、神の意図の全体像を理解することができるようになる。

トマス・アクィナスが高らかに表明し規定したこの中世の労働観は、「目に見える百科全書」に見事に映し出されている。これはつまり、当時、自信と内的充実の頂点にあった勝ち誇ったカトリック教会がヨーロッパ中に建設を進めていた大聖堂である。大聖堂はその彫刻群の中に日々の労働の素朴な動作を表す彫刻を積極的に取り入れている。そこには種をまき、収穫し、鎌で刈り、ブドウの桶の中で踊る農民たちの姿を見ることができる。それらは素朴で厳粛な彫像であり、苦しみ、耐える人間の本質に非常に近い。逞しく禁欲的で厳かな仕事に対する感情があふれている。しかしこの労働に奉げられた彫像よりはるか上の位置に、学問と観想に奉げられた彫像群が置かれているのである。

その後、何世紀かが経過するにつれて、そしてカトリック教会がイタリアの工業・商業の発達した諸共和国の経済活動の影響を受けるにつれて、教会はトマス・アクィナスの教義の中のいまだに中世的でありすぎたものを徐々に和らげていった。聖アントニーノ・ダ・フィレンツェ［Antonino da Firenze］と聖ベルナルディーノ・ダ・シエナ［Bernardino da Siena］は、労働無為と浪費を非難し、活動と勤勉を称賛する。貪欲を無為の源として諌め、高利貸しを、労働を伴わない金を得るという理由で断罪する。しかし貸主が何らかの方法でその運営に関与している事業に投資された金の収益を受領することは認める。こうして資本主義的な利益は高利貸しが抑制されている限り、奨励された。だがこれらの道徳家たちは、富も貧困もそれ自体では良くも悪くもない、と説いている。善し悪しはその使い方なのである。しかしながらこの二つのうちでは、うまく使われるとすれば富の方が好ましい。トマスの注釈者であるカイエタヌス(注3)は、人間が豊かになること、そして上の階級へ昇ることを認める。ただし、それにふさわしい才能と生来の適性を備えていればという条件がつく。カイエタヌスとアントニーノは、儲けのための儲けの追求、富のための富の追求を糾弾している。そのような活動は無制限で際限なく続くため、道理に反し、無分別なことなのである。カトリックの精神は、近代の考え方からすれば最も望ましいとされる儲けのための儲けを、非常識で無分別なものとしてきっぱりと拒絶する。カトリックの倫理では、豊かになることは常に道徳の範囲内において、慈善の目的で追求されるべきものなのである。

少なくとも現在の私たちの目的からみればさして重要ではない変化や変動はあったものの、

労働についてのカトリックのこの理論は、この後何世紀もこのまま続くことになる。

19世紀の終わりから20世紀の初頭にかけて、世界中でキリスト教民主主義あるいはキリスト教社会主義という名で生まれつつあった教義や運動は、結局、この概念の枠の中から出ることはなかった。そのような運動の中でカトリック教会は、自らの倫理的-宗教的教義と近代文明との調和に最大の努力を払った。キリスト教民主主義あるいはキリスト教社会主義は、労働の中に人間のあらゆる進歩、繁栄、文化の源泉を認めた。働くことは、神の法則と同時に自然の法則によって課された義務であり、その義務から、必然的な結果として、壮健な人間が働く権利と、働くことができない人間が援助を受ける権利が生まれる。生きる権利から働く義務が生まれ、その義務から働く権利ともし必要なら援助を受ける権利が生まれる。秩序ある社会は、その構成員にこの権利と義務を保証しなければならない。社会集団の利害を侵犯しない範囲内で、人間は誰でも自分の望む仕事を選ぶ自由がある。つまり、キリスト教社会主義はそれまで尊重されてきたトマス・アクィナスが定めたすべての制限を打ち破ったのである。その仕事から得る報酬に関しては、社会が定めた最大と最小の範囲内にとどまっていれば、その人間は完全に自分の思いのままにすることができる。財産の真の源は労働である。そのため人間の労働ぬきで金が自動的に利益を生み出し、金がひとりでに無限に増えていく経済システムである資本主義は厳しく非難される。従って、キリスト教社会主義にとっての労働は、神の法則と一致する自然の法則の範囲内にのみあるべきものなのである。そしてこの神の法則の前では、労働は決して真に自立した尊厳ある目的には至らず、《生》という目的の単なる副次的な手段にとどまっている。同様に《生》は、決してそれ自体が尊厳ある目的にはならず、来世という真の目的の単なる副次的な手段にとどまるのである。それ自体が目的の労働、労働のための労働は、教会が「それ自体が目的の《生》」という概念を認めないのと同じ内部論理のために認められない。

明らかに、ギリシャ世界の労働に対する貴族的な軽蔑ははるか遠いものとなった。しかしいまだに現代の視点からもはるかに遠い。そこに近づくためにはルネサンス時代と宗教改革の時代を通過しなければならないのである。

（注1）トマス・アクィナス〔Tomaso d'Aquino 1225?－1274〕イタリアの神学者、スコラ派哲学者。ドミニコ会員。『神学大全』（1267－73）で知られる。

（注2）トマス・ア・ケンピス〔Thomas a Kempis 1380－1471〕ドイツ中世の神秘思想家。『キリストの模倣』の作者。

（注3）カイエタヌス〔Jacobus Cajetanus de Vio 1469－1534〕イタリアの神学者。ドメニコ会士。トマス・アクィナスの『神学大全』の注釈書を著した。

第7章　ルターの労働観

労働の概念を、世界と人間生活を考える上での基礎であり鍵となる概念にまで到達させた大きな精神的変革の原動力となったのは、プロテスタントの宗教観であった。

カトリックの原理を大きく前進させる第一歩となったのはマルティン・ルター(注1)であった(『商取引と高利』[Von Kaufhandlung und Wucher])。ルターにとって労働は、中世のカトリック教にとってと同様、あたりまえのことであり、堕落した人間の罪の救済[remedium peccati]であり、刑罰と教育の性質を同時に持つものであった。ここまでは新しいものではない。しかし、こういった昔からよく知られている前提から、ルターは次のような結論を導き出す。つまり、働ける者は皆、働かなければならない。無為、物乞い、高利貸しは自然の理に反する。施しは働けない者に対してのみ行われるべきである。修道的で観想的な生活は、利己主義と、修道士の人間愛の欠如に起因する。修道士は修道院の中にいて、世間が彼らの隣人に対して行うように課す義務を免れるのである。労働の概念はこうしてルターの思想の中で普遍的な広がりを獲得した。彼は労働を社会のすべての物の基礎と考えた。労働は所有権の基礎であり、労働によって、主としてそれぞれの社会階級に人間が振り分けられる。ルターは商業についてはあまり好意的な見方はしていない。なぜなら商業は彼から見れば真の労働ではなかったからである。労働の目的は唯一、生計の手段であるべきで、利益であってはならないのである。人は皆、生きるために必要なものを稼ぐだけで、それ以上であってはならない。このような観点からみると、ルターはいまだに中世的思想の範囲内にとどまっている。彼の時代のカトリックの学者たちは、もっとずっと先を行っていた。

「人間は働かなければならない。しかし自分の生まれた境遇の中で、その職業の流儀に従って働かなければならない。労働を手段として一つの職業から他の職業へ移ろうとすること、社会階級を昇ろうとすること、自分の前途を開こうとすることは、神の掟に背くことである」と説いた時点で、ルターはいまだに中世的思考から抜け出ていないのである。神がすべての者にそれぞれの身分を割り当てる。人間はその場で神の指示の通りに従わなければならない。与えられた場所にとどまる者が、神に奉仕する者である。

しかし――これがルターの非常に独創的なところであるが――自らの職業の範囲の中で、それがどのようなものであれ、それが正当なものである限り、労働は神への奉仕になるのである。神への奉仕の唯一、最高の道は、みずからの与えられた仕事を可能な限り完璧に遂行することである。宗教的信仰心と世俗的活動の間の区別、精神的職業と世俗的職業の間の区別、前者の方がより上位にあるとする考え方は、ルターによって根本から否定された。労働が神への恭順と隣人への愛のために行われている限り、労働はすべて同等の精神的尊厳を有し、すべてが等しく神への奉仕なのである。すべての職業は、社会生活にとって必要なものである。従って、信仰と幸福にとって、どれが他のものより優れているということはない。

ルターが行った労働の評価の革新は、彼が行った神学上の変革の理論的、直接的帰結なのである。人間の生活と歴史に、ルターは時間に投影された神の活動を見る。彼にとって神は、あらゆるものの中ですべてのことを行う本質的な活動以外の何物でもない。《生》はこうして絶え間ない神の顕現となる。神性は人間性とただちに符合し、聖なるものは世俗的なものと符合する。もし活動が――あらゆる種類の活動が――神的なものであれば、神への奉仕と日常的労働、信仰と専門的職業を区別するいかなる根拠もなくなるのである。人間は唯一信仰を通してのみ救われるという「義認論［Sola Fide, il principio della giustificazione］――人は善行によってではなく信仰によってのみ救われる――」は、善行の価値を否定しつつ、人間のエネルギーが物質世界へ向かうことを認める。あらゆる宗教的・道徳的権威の拒否、あらゆる聖職者の指導の拒否は、経済活動を解放し、完全に独自の行動原理に委ねる。職業を意味するドイツ語「Beruf」が、その後決して消えることのない宗教的色彩を帯び、またドイツ語からプロテスタントの国々のあらゆる類似した言語へと入っていったのは、ルターによってなのである。

職業と召命－天職は同義語になった（Beruf）。ルターは労働の汗まみれの額の上に冠をのせた。労働は宗教的尊厳に包まれて彼の手から出て行った。近代へと通じる扉は、今や確実に開かれたのである。

（注1）マルティン・ルター［Martin Luther 1483－1546］ドイツの神学者、宗教改革者。ルーテル教会の創始者。アウグスチノ修道会の修道司祭であったが、宗教改革の中心人物となってプロテスタント教会の源流を作った。『キリスト者の自由』（1521）『商取引と高利』などの著作がある。

第8章　カルヴァンの労働観

カルヴァン主義[注1]の現世についての考え方の鍵となるものは「予定説［predesitinazione］[注2]」である。カルヴァンは神を絶対的な力、無限の活力、私たち人間のあらゆる理性・正義をはるかに越えた超自然的な深淵であるととらえた。人間と神の間、有限と無限の間、被造物と創造主の間には、底知れない大きな隔たりがある。神はすべてであり、人間は無である。人間は神の栄光を称えるためにのみ生きるのであり、もしそれをしないなら、人間の行く末は永遠の死である。さて、神は自らの栄光に値するほんの一握りの人間のみを、その行いや功績とは無関係に選び出し、永遠の《生》を与え、それ以外のすべての者には永遠の断罪という運命を与えた。私たちの目にはどのような理性的な眼識をもってしても、この掟の恐ろしさを証明することはできないようにみえる。そしてその恐ろしさの中に、まさしく神が燦然と輝いている。また神が一切変更というものを行わないのであるから、人間はすでにこの世で初めから（ab aeterno）手にしていなかったいかなる神の恩寵も後から獲得することはできず、誰もそれを持つ者から奪うことはできないのである。この概念は、他のプロテスタント諸教会の中に猛烈な反発を引き起こさずにはすまなかった。そしてカルヴァン自身も、彼の死後公表された『キリスト教綱要［Institutio Christiana］』の第3版までは、このことをあまり声高に言明してはいなかったのである。

カルヴァンの「予定説」の教義にそのまま従うとすれば、人間の運命は自らではどうすることもできないのであるから、人間は永遠に身動きがとれない状態に置かれているように見える。しかし、この神学教義の抽象的な枠組みの後ろにかくれた人間の現実の心理を見つめてみれば、一見、人間に死の静寂を強いるように見えるこの教義が、世界がいまだかつて経験したことがないような人間の中の活動への無限の情熱に火をつけることになったということがわかるのである。何よりもまず明らかなのは、カルヴァン主義の観点において、実際にそして確実に断罪されるのは、自分が選ばれた人間なのか、断罪される人間なのかを全く知ろうとしない者だけである。このような者たちにとって、予定説は、たとえそれについて何がしかのことを知っていたとしても、単に抽象的で何の意味も持たない概念であって、生きた人間の現実の心理とは程遠いものである。反対にそのような心理に近いもの、つまり自らが選ばれた者か否かという問題について不安を感じ、苦悩する人々は、少なくとも地獄落ちの断罪について疑問を持つ。要するにこの教義は、自分は地獄落ちの運命にあるのだろうかと疑ってみる者にとってのみ、きちんと機能するのである。自分は断罪される人間とは限らないと思うだけでこの教義が持つ恐ろしい残酷な面を和らげるのに十分である。

予定説というカルヴァン派の教義は、今日私たちが個体性と呼ぶものを、神学の中枢へ、また当時の神学の規範の中へ投影したものに他ならなかった。カルヴァンは、個体性という人間の深い神秘と根本的な不条理について過激で鋭い感覚を持っていた。実際、ある人間が選ばれた者であるかどうかということは、その本人自身の個人的で内面的で他人には分からない体験からしか発しえない。目に見える印や上辺(うわべ)の保証がない中で、自分が選ばれた人間だと信じられなければ、いかなる教会も、いかなる秘蹟も、また選ばれた者のためにのみ死んだキリスト自身も、決して存在意義を持てないのである。個人は、神聖で無限の孤独の中で、神の全能性という謎に包まれた威厳と相対するのである。自分を取り巻く恐ろしい沈黙の中で、個人は自分の選別、自分の無限の責任、神に奉仕するよう、そして地上で神の栄光をはっきり示すよう課せられた義務を語りかけてくる良心の声だけを聞くのである。しかしこの選別の自覚が幻想でしかなかったとしたら？　選別が事実であれば、まず最初に選ばれた者が自分の選別を信じるということ自体がその証拠となる。そして第二に、信者が実際に選ばれたかどうかは、日常の彼のふるまいと業績がそれを示すはずである。業績が彼を救済するわけではない。しかしながら業績を上げることは、信者自身にとって自分が選ばれたという究極の自覚となるのである。

理由は明らかである。自ら選ばれたと感じる者は、決して自分自身のため、また他の被造物のために生きることはない。ただ無限の力、全能で計り知れない意志である神のためにのみ生きる。選ばれた者は、いわば全くの神の道具となる。あるいはむしろ神の活動の単なる通り道となる。彼の活動は、地上に神の栄光が燦然と輝く神の王国を設立するという目的のみを持つのである。結局行動するのは選ばれた者自身ではなく、その者の中で神自身が行動するのである。彼の行為は、神の恩恵が彼の中に生じさせた信仰を源としている。そして目に見える彼らの特徴や性質は、神によって彼らが何を望まれているかをよく表している。従って救済の確信は主観的な感覚に基づくのではなく、行為の結果の客観的な考察に基づく。選ばれたと感じた者は自らそれを実証する。そして他の者は、望みが無いと信じたくない者は、決して無為に過ごしたり観想したりすることなく、選ばれた者であるかのように生き、活動する。反省し、自制し、自己集中し、常に厳しく反抗心を抑え、現世や被造物への執着を完全に捨て去る意志を鍛えるのである。罪深く取るに足りないものである現世や被造物へのあらゆる執着を自分の中で断ち切らねばならないが、それにもかかわらず現世や被造物と関わり、それらを従わせ、神の栄光の目に見える鏡とする必要があるのである。

信者に対して、その職種、功績のいかんに関わらず、自分が選別されているという確信を与えることで、予定説の教義は信者を列聖や内面的浄化をめざすあらゆる努力から解放し、人間の内面を問題とせずに、その全エネルギーを物質世界へ向けることを許すのである。しかし、救済が行われたことを確実に明確に安心して感じるまでには決して至らない。その感情を否定しつつも、信者の心の中に、疑いと苦悩のひりひりした痛みや鋭い不安と絶望がそっと忍び込む。信者はそこから逃れるために狂気にかられたように活動するしか道はない。そしてそのような活動は彼に、また他の者たちに、彼が選別された人間である可能性をますますはっきりと示すのである。

自制はもはや決して——カトリックのように——人間の自然な本能を純化し神聖化するという目的は持たない。むしろ人間の中に初めから与えられたものとして存在する俗恩の状態に自分を保つという目的を持つ。カルヴァン主義は、自然の本能に対して嫌悪感と不信感しか抱かない。カルヴァン主義者にとって自然状態の人間は、全面的に汚れた、死に支配されたものなのである。恩恵によって救われた人間は、自然状態の人間とはまったく異なる別の人間である。カトリックにおいては、信者は彼の自然な本能を、神の《生》が反映する調和のとれた宇宙の中でコントロールし、そこに調和させようとひたすら励む。カトリックにおいては、人間の本性は根本的に悪なのではなく、単にその目的によって混乱させられ堕落させられているに過ぎない。その目的にむけて本性を再び引き戻すことが必要なのである。逆にカルヴァン主義にとっては、自然の本能は根本的に堕落したもので、信者はひたすらこの本能を警戒し、容赦なく抑えつけなければならない。カルヴァン主義の観点では、選ばれた者はカトリックにおけるように自然な人間の完璧な姿ではなく、その反対である。自然な人間に対して選ばれた者は、あらゆる自然さや自発性が取り除かれた力として存在する。つまり人工的で抽象的な神の意志なのである。

こうして厳格で意志強固で張り詰めた行動主義が生まれる。これは感情のほとばしり、激情、神がかり的な陶酔、嵐のような情熱というようなものを認めようとしない。選ばれた人間は、自分自身、世界、すべてのもの、すべての人を容赦のない厳しい教義の支配下に置く。それはこの否定され軽蔑された世界を、選ばれた人間社会のレベルに合わせて建て直し、作り変えて、神の栄光が輝く世界にするためである。カルヴァン主義者は被造物の世界で活動するが、その被造物に対してはいかなる愛情も持っていない。彼にとって被造物は手段であって目的ではない。被造物は聖なる目的を達成するためにのみ価値があるのである。カルヴァン主義者はこの世界の中にいてこの世界に対して活動するが、彼の視野にはすでにこの世界はなく、現世を超越した世界がある。彼は現世の苦行者である。カルヴァン主義、ピューリタン主義は従って、意志と行動への呼びかけ、この世の君主や悪魔との闘いに信者を呼集する高らかなトランペットの音なのである。カルヴァン主義とピューリタン主義は悪と妥協せず、悪を容認せず、悪に屈服しない。悪を挑発し、悪に敢然と立ち向かい、悪と闘う。これは激しく、厳しく、攻撃的で、不寛容な宗教である。実際不正や悪行とは決して折り合いをつけようとはしない。信者を武装させ、神の兵士にする。兵士は片手に剣を持ち、もう一方の手に壁塗りのコテを持って、神の街の城壁を建設するのである。

カルヴァン主義によって労働の概念は大変革をとげる。すべての人間は働かなければならない。富める者も例外ではない。なぜなら労働は神への奉仕だからである。しかし働くのは労働の結果もたらされる富を享受するためでも、娯楽に興じるためでも、休息にふけるためでもない。そうではなく、地上に神の王国を創設するためである。この矛盾する二つの要求から、つまり働け、しかし同時に労働の所産である富を放棄せよ、という要求から、従って労働の所産を使う唯一の方法は新たな労働にそれをつぎ込むことであり、これが際限なく続いていくという結果から、他の多くの歴史的状況に支えられて、資本主義文明が生まれてきた。資本主義の最初の萌芽は、マックス・ウェーバー(注3)(『プロテスタンティズムの倫理と資本主義の精神』)やエルンスト・トレルチ(注4)(『キリスト教会ならびに諸集団の社会教説』)が巧みに明らかにしたように――実はエドゥアルト・ベルンシュタイン(注5)(『イギリス革命における社会主義と民主主義』)が数年先行していたが――カルヴァン派やピューリタン派の現世の苦行の中に、つまりこの地上を神の鏡とするために休むことなく行われる職業労働の中に見出されるのである。ここから新しいタイプの人間が生まれる。宗教的な信念に忠実であるために、仕事に対して自発的で、精力的で、禁欲的で、頑固なタイプの人間である。無為、贅沢、浪費など精神を軟弱化させ弛緩させることはすべて最も重大な罪として容赦なく追放された。労働に対する怠惰は、神の選別が行われていない印と指摘された。仕事をせずに観想することは許されない。なぜなら神は、あまりに人間よりも上位にあり、単に観想するだけではその存在も救いの保証も判らないからである。

それだけではない。唯一神の意にかなう仕事は、ある時はこれ、ある時はあれ、またある日は一日中かかり、次の日はたった一時間で終るというような仕事ではない。不規則な仕事や偶発的な仕事ではない。そうではなく、几帳面で、規則正しく、合理的で不変の仕事、すなわち専門的な仕事である。自ら職業を選択し、全身全霊をかけてその仕事を行うことが宗教的な義務である。カルヴァン主義はこうして、すべて分業の上に成り立っている近代的工場の恐るべき規律の基礎を築いた。これは職人の手仕事とは大きく違う。カルヴァン主義からさらに発展したピューリタン主義は、さらに先に進み、労働から可能な限りの利益を引き出さなければならないと説く。それは金銭への愛着のためではなく、娯楽を求めるためでもなく、神の恵みが周りの貧しい人々により多く降り注ぐようにするためである。利益はなによりも、選ばれた職業が神の意にそう確かな徴候なのである。利益が多ければ多いほど、自らの職業で神へ奉仕しているという確信が増すのである。ピューリタン主義はこうしてあらゆる職業に、それがどのような職業であれ、無制限の利益を得る可能性を開いたのである。ピューリタン主義は富の追求を許したばかりでなく、宗教的な義務として是認した。歴史上初めて、富と良心を両立させたのである。貧しくありたいと望むことは、神の栄光にとって非常に有害なことなのである。

しかしカルヴァン主義は、ルターのように人間は生まれながらの階級や職業に満足してそこにとどまるべきであるとは考えなかった。反対に、人間にとってまた社会にとって、より有利で多くの収益を与えてくれる職業に従事することが義務なのであり、もしそのために個人が仕事を捨てて他の職につく必要があれば、それは理にかなっているばかりでなく、むしろそうすることが義務であるとした。こうして労働は、生来与えられたものとしての職業への隷属から解放され、あらゆる発意の自由を与えられ、移動可能になり、流動化し、変質し、合理化した。「この世で生き、この世で活動しながら、この世を否定せよ、働き、稼ぎ、豊かになれ。この世が神とその聖人の権威を反映するものとなるように」。そして労働のための労働を崇拝し、貯蓄を崇拝し、富を崇拝し、休息や娯楽を嫌悪する近代社会が事実上築かれたのである。

（注1）カルヴァン［Jean Calvin 1509－1564］フランスの神学者。プロテスタントの宗教改革者。スイスのジュネーヴで神政政治を敷いた。カルヴァンは、職業は神から与えられたものであるとし、得られた富の蓄財を認めた。この思想は、当時、中小商工業者から多くの支持を得、資本主義の幕開けを思想の上からも支持するものであった。主な著書に『キリスト教綱要』があ

る。

（注２）「予定説」［Predestinazione］「神が定めた選ばれた者のみが救済され、それ以外の者は神の救済を受けることなく永遠の断罪に甘んじなくてはならない」というもの。

（注３）マックス・ウェーバー［Max Weber 1864－1920］ドイツの経済学者、社会学者。主な著書に『プロテスタンティズムの倫理と資本主義の精神』（1904－05）『儒教と道教』、『ヒンドゥ教と仏教』（1916）『職業としての学問』（1917）『職業としての政治』（1919）など多数。

（注４）エルンスト・トレルチ［Ernst Troeltsch 1865－1923］ドイツのプロテスタント神学者、宗教哲学者。『近代世界とプロテスタンティズム』、『ヨーロッパ精神の構造　ドイツ精神と西欧』、『ルネサンスと宗教改革』、『キリスト教会ならびに諸集団の社会教説』他。

（注５）エドゥアルト・ベルンシュタイン［Edualdo Bernstein 1850－1932］ドイツの社会民主主義者。『社会主義の前提と社会民主主義の任務』（1899）『イギリス革命における社会主義と民主主義』他。

第9章　近代技術および近代経済の影響下での労働観

近代になって進歩がはかどり、経済活動が第一線におどりでて社会組織のなかで支配的な役割をはたすようになるにつれて、労働観も、倫理的‐社会的概念体系のなかでますます大きな重要性を獲得するようになった。そうした進歩をへたうえで、現代においては、労働観が直接的に《鍵》をなす中心的な世界観ともなるわけである。これについて申し分のない完全な歴史を記述するとなれば、経済学、倫理学、社会学、教育学、技術史、概していえば近代文化史を書くことにも匹敵しよう。労働観の歴史は、人間や活動や自由や進歩についての考え方の歴史との不断の連続的なぶつかり合いに見まわれるから、それらの二つの考え方の歴史の境界をはっきりと区分するのは、それこそ手に負えない仕事になるのではないだろうか。ひじょうに大きな広がりをもつこのテーマについて、ここではごくあっさりと触れるのが関の山である。

近代の労働観について考察してみると、その考察がたどる経路の曲線をはっきりと突き止めることは可能である。近代という時代は、カルヴァン主義によってあたえられた宗教的奉仕活動の気高さを保持しようとする一方で、カルヴァン主義発祥の由来でもある神学上の前提や信仰経験からその気高さを解き放そうと懸命に努力しているのがわかる。カルヴァン主義において、労働のための労働という宗教、これは改革をへたキリスト教思想の副次的な論理的帰結でしかないが、この労働のための労働の宗教が近代にあっていやおうなしに独り立ちし、それ自身で価値あるものになろうとした。カルヴァン主義の世俗的苦行は、世俗的な反動主義的、行動主義的神秘主義へと自己転化をはかろうとしたのだ。これは計り知れないほど大きな意義をもつ革命であったから、ここでは、その主要な発展段階を大雑把にあきらかにすることしかできない。

労働観の脱宗教化、現世化をはかり、同時に、労働観を倫理－社会的な諸概念の体系のなかの最上位に押し上げるのに最も貢献したものといえば、それはルネサンス以降、当のルネサンス精神の影響のもとで見られた産業技術の巨大な発展である。これこそまさにすぐれて近代的な現象であった。

一般的にいって古代技術は、その技術の量的な延長であり発展にすぎない自然の水準をこえて向上することはない。城壁を打ち破るのに用いられた破城槌（はじょうつち）［ariete］は腕木（うでき）を長く延ばしたものだから、腕木はより大きく、より長くなる。矢を射る弩砲（どほう）［catapulta］は矢や石でできた切っ先を長く延ばしたものであるから、拳（こぶし）のような切っ先はより大きく、より長くなる。古代技術はそうした努力を蓄えて、それを社会生活の非常時に際して（とりわけ戦争に際して）利用したわけだが、その進歩はたまたま偶発的におこったことであり、大部分偶然から生まれた果実であったから、いつも純粋に経験的な域にとどまっていたのである。だからこそ、個人的教育をとおして師匠から師弟へとその果実は伝授されていったのである。非常時の場合であれ平時の場合であれ、生活上のありとあらゆる必要のために技術を不断に系統的に応用し、ありのままの自然という水準から技術を抜け出させ、さらに純粋に想像力にもとづく抽象の水準で技術を自由に解き放つなどということは、物質の世界をいみきらう古代精神にとっては未知の世界であったとしても、物質の世界で燃えたぎるような熱狂的活動の大半を発揮した近代にとっては、本質的に重要なことであった。17世紀以降、技術は、魔術とのいっさいの関係を断ち切り、自然科学と数学を系統的な基礎とするようになる。個人的経験のはたす役割はますます狭くなる。科学はどうかといえば、ありのままを観想したり受動的姿勢で観察したりする段階から、ことの本質を問いただそうとする精神と、問いに答えるには避けて通れない物質とがおりなす対話、経験という色彩を科学はますます強めるようになってくる。精神の要請に自然が屈するゆえに、精神が容赦なく自然に打撃をくわえるという苦悶が、ここから生まれてくるわけだ。実験科学の発展は、技術の発展と、技術の条件であり同時に結果でもある機械文明の発展と同じ歩調ですすんでいく。

技術の系列におかれる機械文明は、経済の系列におかれる節約を反映したものである。経済では富は新たな富を生産するために投資され、富は富で新たな富を生産するために投資され、これが果てしなく続くのであるが、これと同じように、機械は物を生産するために利用され、物は物でより完全で強力な機械を組み立てるために利用されて、こうして機械は物質をますます上手に、より素早く支配することになる。

機械はこのように機械自体を生成する。過去の機械は、こんにちの機械のなかで想像上の契機として、資本に組み込まれ融合されてよみがえる。その場合、機械は個々に独立したものとしては否定されるが、構成部分として吸収されてよみがえるわけだ。時とともに進歩し時間と空間をいっそう敏速かつ圧倒的な力で制御する、恐るべき機械の広大で不断の自動生成過程として、最近四世紀の技術の発展を思い描くことは可能ではなかろうか。自然の有機物の発展プロセスとは異なり、機械の発展プロセスについてはあらかじめ限界を定めることはできない。少なくとも潜在的には、機械の作用の射程は宇宙にまで広がっている。世界の物質を粉々にすりつぶし、物質を流動的または可塑（かそ）的なものに変え、人間の目的に合わせてどんな外見のものにも加工可能なものに変える、これが機械の限界－目的である。人間は同じ自然の産物をいろいろなプロセスをへて獲得し、自然の産物に自然界には存在しない別の産物を際限なく追加し、こうして自然的な自然に人間的な起源と目的をもつ別の自然を重ねてゆくのである。

この経験から科学と技術による果てしない進歩のイデオロギーがあふれだし、この経験に再び作用して、進歩のイデオロギーをいっそう強化し加速させた。これこそ、古代および中世世界にはまったく知られていなかった考え方である。そして、はじめて燃え盛るようにふくらむ期待のなかで、人間は、自分の造物主的な能力に、つまりは進歩に、限界があるなどとは考えなくなるのである。人間が獲得できないと思うようなものは何もないし、人間が打ち倒すことができないと思うような邪魔者はどこにもいない。時間も空間も貧困も疾病も老境も、そして死でさえも、敵ではないのだ。次から次へと絶え間なく技術の発明はおこり、一つの発明は、乗り越えられた契機としてそれ自身の内に含む以前の発明をもはや役立たないものに変えてしまうことによって、静止不動の精神は致命的打撃を受けることになる。人間は、存在［Essere］とか本質［Essenza］とか物［Cosa］とかの静止的(スタティック)なカテゴリーで世界を考えることをやめ、とどまることのない創生の渦のなかで翻弄されるがごとく、ダイナミックに世界を考えることに慣れてくる。

経済の世界に応用される科学と技術の影響のもとで、新しい経済的人間の類型が誕生する。決まりきった仕来たりや伝統を軽蔑(けいべつ)し、最も大胆な刷新につねに備え、学問上の最新の仮説や発明を利用することに敏捷で、偶然とか習慣をけっしてあてにせず、経済過程のどんなに小さな細部のことも意識的な反射理性による点検にゆだね、最小限の努力と最小限の経費によって最大限の結果を達成することをめざす、そういう人間類型である。技術と科学の合理主義とカルヴァン主義的行動主義とは一つのものに融合し、そこから近代型の企業家、生産者が生まれ、打算と思慮深さと功利的熟慮という古いブルジョア的商人的精神と、初期の海賊的資本主義の古い征服者的な冒険精神との綜合（ジンテーゼ）がこの人間類型のなかでおこなわれる。企業精神は、大胆さと打算、冒険心と用心深さ、進取の気性と反省の精神という、見かけはたがいに対立する二つの力の綜合である。ロマンチシズムと功利主義は不安定のなかで対立しあう力であり、永遠に更新をくりかえす平衡感覚は近代的な企業家精神の糧となる。現下のいわゆる資本主義的な経済システムの構造は、それによって儲けのために、そしてひたすら儲けのために働くことを余儀なくさせる。企業間の絶え間ない闘争において、ますます儲けを増やすことは各々の企業にとって死活の条件である。この結果、各企業は、征服され強固になった陣地に安んじることを受け入れることなく、さらに先へ、ますます大きな儲けの獲得に身を乗りだしてこそ、真に生き生きした生命力ある企業になることができるというわけだ。現在の経済システムにおいて生き生きした生命力ある企業とは、当面の需要をこえて、果てしない無限の彼方へと自己拡張、自己膨張、自己増幅をはかれるように企業を導く《勢い》を自身の内部にもっている企業である。絶えず大きな儲けを得ようとする（必要性という）意志と、その意志から生まれるライバル企業との競争に打ち勝たねばならぬという必要性とが、その企業をして、連続して次々と起こる技術発明の流れに遅れをとらないような態勢づくりを余儀なくさせる。しかし、企業にとって技術発明の流れについてゆくのは、その生産設備や取引の量をますます拡大し、一分の時間も、活用するどんな物質の粒子も、ますます集中的に利用することによってはじめて可能となるのである。こうして企業は、おおむね生きた存在となる。つまり、空間においてますます自己膨張をはかり、時間をますます激しい集中的な活動でうめつくし、たとえ気がすすまなくとも、企業家を激動する《生》の渦巻きのなかに引き入れるときにはじめて、企業はおおかた生き生きとした存在となる。

こうして、経済と技術の必要性という二重の圧力のもとで、むさぼるような活動力への熱情、労働への情熱が近代の企業家のなかで火を点すのであるが、この情熱はそれ自体別のいかなる目的ももたず、それ自身を富の獲得のための、贅沢と喜びを達成するための手段としてではなく、それ自体を目的として自己自身を考える情熱である。この心理的観点から見るとき、企業家と企業は一体のものとなる。そして、企業家が自分の労働に求める真の代償はどこにあるのか。それは、企業を奮い立たせ揺り動かすますます激しく猛烈な《生》のリズムのなかにあり、企業が時間と空間において成長するように導くますますたくましく力強いエラン・ヴィタール〔生の飛躍〕[注1]のなかにあり、はたまた、そのおかげで企業が生き持続し闘い勝利する、いよいよ痛烈で、ますます堅固な《力（ポテンツァ）》の意志のなかにある（ヴェルナー・ゾンバルト[注2]。Der Bourgeois、最終章を参照されたい）。じつにここに、世界史上はじめて、個人的現象としてではなく文明全体のきわめて根本的な現象として、労働のための労働、自己目的的労働が実現されるのだ。これこそ生きた具体的現実であり、その現実の上に、その現実の省察と理論化として、《生》の新しい見方や直観が育つのであるが、《生》のこの中心的なキー概念こそが労働観なのである。

（注1）エラン・ヴィタール［Élan Vital］フランス語で「生の飛躍」を意味する。ベルグソン哲学の用語。なお邦訳『創造的進化』（真方敬道訳、岩波文庫）でエラン・ヴィタールは「生命のはずみ」と訳されているが、本書では「生の飛躍」とした。

（注2）ヴェルナー・ゾンバルト［Werner Sombart 1863－1941］ドイツの経済学者・社会学者。マックス・ウェーバーとともに《社会科学および社会政策雑誌》を一九〇四年から編集。経済社会の全体把握のために〈経済体制〉の概念を提起して歴史と経済理論の総合をはかり、その成果として主著『近代資本主義』（2巻 1902）および『高度資本主義』（1928）を発表した。最初はマルクス主義者の立場だったが、その後反対に転じナチスの政策を社会学的に支持するようになった。その他の著作として『プロレタリア社会主義』（1897）『恋愛と贅沢と資本主義』（1912）などがある。

第10章　ルネサンスの労働観

ルネサンスの精神は、労働の概念から宗教色を消し、倫理的な概念体系の中で高い地位を与えることに大いに貢献した。ルネサンスの精神は少しずつ人間の関心を神から人間へ、来世から現世へ、天上から地上へと向けさせ始めた。地上は、そこに住む人間にとっては、いまだに美しい場所とも完成されたものとも思えないのだが、少しずつ自らの手で苦労しながら建設しつつあるために、人間の活動にとって、より本物の、よりふさわしい場所であると考えられるようになった。

ルネサンス期フィレンツェの哲学者マルシリオ・フィチーノ(注1)は、自然の不変の法則という鎖につながれた動物と比べて人間を次のように称えた。人間はいかなる法則にも服従せず、そのため自由で、可動性があり、進歩していくものである。仕事においては、自然の仕事を模倣するだけでなく、「自然の粗雑な仕事を完成し、修正し、改良する」。自ら食糧、衣服、道具、住居、家具、武器を、自然が動物に与えるよりもはるかに大量に作り出すのである。石、植物、動物、金属などの材料を色々な形に変えて自らの用途に合わせて利用できるようにする人間の多面的な活動、動物とは違って一つの要素では満足せず、すべてを使い、すべてに手を加え、水を使って灌漑を行い、街に巨大な建物を建てて空へと伸ばし、農業で地面を耕し、種々の要素で生きるすべてのものを統率し支配する人間の活動は、フィチーノに言わせれば人間の神性の真の証しなのである。その人間の実際の活動のおかげで、フィチーノには、人間が神の代理人［vicem gerit Dei］、ほとんど神のようなもの［quidam Deus］、動物の神（「人間はあらゆる動物を使い、あらゆる動物を支配し、多くの動物を教育する」）、基本要素の神（「人間がそこに住み、耕す」）、あらゆる物質の神（「人間はそのすべてを扱い、変化させ、別のものに変える」）のように見えたのである（『プラトン神学［Theologia platonia］』16章3）。近代の思想家たちは、フィチーノの叙述にいまだに含まれている神学や神話の厚い脈石からこの概念を切り出してきて、彼らの哲学的省察の最前線に投影した。しかし結局はこの上に真に本質的なものを付け加えることはできなかった。

フィチーノによってこのように見事に論述された「人間が世界の原動力である」というこの概念は、ルネサンス期全体にわたって、黄金の糸のように貫かれていった。それはレオン・バッティスタ・アルベルティ(注2)の、無為や怠惰の危険に対する執拗な警告の中に、また彼が「時間の流れの遅さを十分に埋め合わせる」とした勤勉の称賛の中に現れている（『家族論』）。またそれはレオナルド・ダ・ヴィンチ(注3)が、「神々はすべての善を、苦労と骨折りの代償として我々に売り渡す」というギリシャの古い格言を繰り返すその思いの中に姿を現す。この格言は、ギリシャ人にとっては深く克服できない苦しみを表したものであった。しかしレオナルドは、人生とは、決して手に入れることはできないが決して諦めてはいけないものの探究であり、人間は常に到達しえない完全というゴールへと続く終わりのない階段を一段一段登っていくものである、と生き生きと逞しい深い喜びをもって語っている。

黄金の糸はまた、ジョルダーノ・ブルーノ(注4)が、精神的労働と肉体的労働の両方を称賛する言葉の中にも現れている。精神的労働はそれ自体の中に喜びと褒賞を有しているが、肉体的労働は労働の結果としての利益の中に喜びと褒賞が見出される。そして彼は常に労働を、それもあらゆる種類の労働を、人間の征服の道具、敵意に満ちた未来へ立ち向かう最も確かな武器として称える。いわゆる黄金時代(ギリシャ・ローマの神話の時代)——人間が無為と動物以下の愚行を重ねていた時代を評価せず、ブルーノは苦労する人間の時代を称賛する。それは日々、必要に追われてさらなるすばらしい技術と発明を重ねていき、動物の時代からますます遠ざかり神へと近づいていく時代である。それによって人間は、人間が真の神である第二のより高い自然を創り出しつつある。また黄金時代が、道徳生活とは無縁で悪徳に気づかず、まさにそのために美徳にも気づかなかったのに対して、人間の時代においては、産業と労働とともに善と悪、悪徳と美徳という二極性が生まれた。また労働は「無為」を「休息」にし、それに有益な徳と道徳的尊厳を与えた（『驕れる野獣の追放』［Lo spaccio della Bestia Trionfante］対話3）。
トンマーゾ・カンパネッラ[注5]は、詩の形式を使って酔ったように人間を賛美した。

人間、この下位の世界に生きる者は、
　第二の神のように見える
人間、それは風や海を手なづけた
　そして、わずかな　曲がった木で
　地球を取り囲み、征服し、
　その秘密を探り、戦利品を売り、独り占めにする。
　商売をし、独り占めにする人間には
　一つの地球だけではとても足りない。

また人間は動物を飼いならし、「巨大な街を作り上げる」。そして「神のように法を定める」。火を司り、夜を昼に変え、自然の法則を破る。

カンパネッラは、彼の『太陽の都』［Città del Sole］の中で、一貫して労働者の階級に、他の諸社会階層と同等の尊厳を与えた。『太陽の都』の中では、誰もが働いている。そしてすべての者にとって労働は喜びである。なぜなら、それぞれの個性に合わせてあらかじめ創造主によって定められた仕事が割り当てられているからである。また誰も一日に四時間以上は働かない。仕事の後は娯楽や学習に自由に時間を使うことができたのである。

これと似た夢は、すでにトーマス・モア(注6)が『ユートピア』の中で憧れをこめて述べている。ユートピアの島の中には怠け者はおらず、社会階級もない。すべての者が働き、すべての者が、知的労働も肉体労働もあらゆる仕事のパートを交替で担う。手仕事には最大で一日六時間従事し、残りの時間は各自が、自分にとって有益で興味のあることに当てるのである。フランシス・ベーコン(注7)の哲学の精神は、人間が自然を支配するのに絶対に不可欠な道具である科学の実用的な重要性を称えるものであり、科学を技術としてとらえる傾向があった。本来ならそれとぴったり合致するようにみえる労働を称え、機械的技術に名誉ある地位を授けてもよいはずである。しかしベーコンは逆に、奇妙とも思える非論理性をもって、労働や機械的技術に、国家における二次的で従属的な地位しか与えず、これらを軽視したのである。それはこれらが、人間の注意を軍隊的精神から逸らせるからである。後の時代のハーバート・スペンサー(注8)のように、ベーコンは労働と軍隊的精神の間に相容れないものがあることを認めた。そして軍隊を、国家の存続と隆盛にとって必要不可欠なものと考えたため、労働よりも軍隊を優先したのである。

ルネサンスの精神は教育学の中にも息づいている。この時代の作家や思想家の間では、魂や心の教育と、体や手先の能力の教育を切り離すことはできないという認識が一般的であった。フランソワ・ラブレー(注9)の『ガルガンチュア物語』［Gargantua］の中でポノクラート博士は、彼の生徒ガルガンチュアに、あらゆる芸術や一般科学の学習、また体育や軍事教育ばかりでなく、もっとつまらない日常的な手仕事も忘れずに教えこんだ（『ガルガンチュア物語』23章、24章）。トンマーゾ・カンパネッラの『太陽の都』では、すべての者が機械的技術を教え込まれ、それぞれの素質の特性を明確にするためにあらゆる職場へ送られるのである。そして科学、あるいは機械技術において最も名をあげた者が行政官に選ばれるのである。これは現代まで進歩をとげながら続いてきた職業訓練学校の起源である。しかしこれについてはここでその歴史を詳しく検討することは差し控える。これは教育学史の中できちんと検証されるべきことがらだからである。

（注1）マルシリオ・フィチーノ［Marsilio Ficino 1433－1499］イタリア、ルネサンスの哲学者、人文主義者、神学者。プラトン主義を復活させ、キリスト教との融合を試みた。また神話の占星術的、寓意的解釈に努め、ルネサンスの魔術思想、神秘思想に影響を与えた。『プラトン神学』（1474）『愛について』（1475）他。

（注2）レオン・バッティスタ・アルベルティ［Leon Battista Alberti 1404－1472］初期ルネサンスの人文主義者、建築家、建築理論家。ルネサンス期の理想とされた「万能の人」の最初の典型。『家族論』『絵画論』（1435）『建築論』（1443－1451）他。

（注3）レオナルド・ダ・ヴィンチ［Leonardo da Vinci 1452－1519］ルネサンスの代表的人物。

「万能の天才」。画家、建築家、彫刻家、科学者。

（注4）ジョルダーノ・ブルーノ［Giordano Bruno 1548－1600］イタリア・ルネサンスの哲学者、司祭、天文学者。異端者として火刑に処される。『原因、結果、一者について』『灰の水曜日の晩餐』（1584）『無限、宇宙、および諸世界について』（1584）『驕れる野獣の追放』他。

（注5）トンマーゾ・カンパネッラ［Tomaso Campanella 1568－1639］イタリア・ルネサンス後期の思想家、自然魔術師。ドミニコ会の修道士でいながら輪廻転生やガリレオの地動説を支持した。何度も異端者として捕らえられるが処刑は免れる。『太陽の都』（1602）他。

（注6）トーマス・モア［Thomas More 1478－1535］イギリスの政治家、人文学者。『ユートピア』（1516）（正式名称は『社会の最善政体とユートピア島についての楽しく有益な小著』）

（注7）フランシス・ベーコン［Francis Bacon 1561－1626］イギリス・ルネサンス期のキリスト教神学者、哲学者、法律家。「知は力なり」［Ipsa scientia potestas est］という言葉で有名（出典は『聖なる瞑想。異端の論について』（1597））。主な著書に『ニュー・アトランティス――ユートピア物語』（1627）『学問の進歩』（1605）『ノヴム・オルガヌム――新機構』（1620）他。

（注8）ハーバート・スペンサー［Herbert Spencer 1820－1903］イギリスの哲学者。社会進化論を提唱した。造語「適者生存」［the survival of the fitness］の考案者。『人間対国家』（1884）『教育論』（1861）『総合哲学体系』（1860）他。

（注9）フランソワ・ラブレー［François Rabelais 1483－1553］フランスの物語作家、医師。『パンタグリュエル物語』（1532）『ガルガンチュア物語』（1534）の作者。

第11章　一七〇〇年代の労働観

労働の概念が、宗教と切り離されて世俗化していくプロセスは一七〇〇年代になっても続き、一段とその傾向が強まった。一七〇〇年代は、労働の概念の変遷がたとえ最も重要で基本的なものであったとしてもいまやそれは全体の中の一つの章にしか過ぎなくなってしまうほど、生命や歴史についての近代的な考え方が湧き上がりつつあった時代だった。労働の概念の変遷は、文明や文化の問題、そしてそれらと自然との関係の問題というこの18世紀の大きな問題としっかりと交差している。これについては二つの主要な解答が生まれた。一つは歴史を衰退ととらえ、それゆえに文明や文化を過小評価して非難するものであり、もう一方は歴史を進歩ととらえ、文明や文化を称賛するものである。この二つの考え方は、労働の問題という最も特殊な分野にも大いに影響を与えた。それどころか、他の例えば贅沢の問題についてと同様に、この労働の問題に示された二つの解答の推移を通して、これを典型的な鏡として、18世紀全体にわたる大きな文化論争の推移をたどることができるかもしれない。

モンテスキュー(注1)の思想は、今私たちが取り組んでいる労働の問題に関して、進歩と衰退の間で揺れ動き、かなりあいまいな立場をとっている。どちらかの立場に立つとすぐにその考えの矛盾点が目に付き、反対の立場の利点に気づく。自然に近く接したシンプルで原始的な生活の理想と、文明の発達によってもたらされる高度に洗練されたものに囲まれた生活の理想が、交互に彼を魅了してはまた遠ざける。しかしながら、彼は最も心の深いところでは、最終的に人間は進歩するものであるという視点に傾いていった。そのためモンテスキューは、労働に対する熱意、豊かになりたいという情熱、贅沢への強い願望を推奨した。これらは文明とは切っても切れないものである。ただ基本的なごく必要なものだけで満足する状態は、この世で最も惨めで価値のないものの一つであろうと言う(『ペルシャ人への手紙』[Les Lettres persanes] 106)。

自然に逆らうものとして文明や文化をとらえたのは、ルソー(注2)である。当然彼は、私たちが論じている労働の問題についても衰退主義の立場をとった。それは素朴な生活である。無邪気で幸福な状態とは、各人が他人に頼らず干渉されずに一人で生きているが、他人との何らかの関係は維持している。そこには余分なもの、贅沢なものは何もなく、富も金もない。あるのはただ生きていくのに必要なものだけである。そこでは自然界の物質以外のものの交換は知られていない。余分なもの、贅沢なもの、富、金、快適さ、そしてそれらの原因となる技能に、ルソーは極度の反感を抱き、はっきりとこれらを糾弾した。工業は、自然状態に近い民衆にとって、欲望と未知の情熱を満たす類のものである。

分業は、産物の交換や所有権などへつながり、依存と隷属状態を生む。一人の人間に度を越した富と傲慢な贅沢が集中すれば、その対極に他の者の貧窮が生まれる。労働が複雑化すればするほど、それにともなって依存と不平等が、すなわち不幸が増大するのである（『人間不平等起源論』[Discours sur l'inégalité]）。

ルソーが高く評価した労働は、社会にとって有益である一方で人間が自然状態により近づくもの、つまり肉体労働である。あらゆる身分の中で、富や人間から最も自立しているのは職人階級であると彼には思えた。職人は自分の仕事以外のものには従属しない。職人はもし仕事に悩みや苦しみを感じたとしても、農民よりも自由である。腕一本で他の場所へ移ることができる。確かに職人はあまり裕福にはなれない。しかし別に金持ちにならなくても気にしない。自由の方を大切にする（『エミール』[Émile] 1章、3章）。これはジャン・ジャック・ルソーの人生観の基本的な特徴である村民的禁欲主義と理論的にも一致する見解である。

ルソーの思想に対する明快なアンチテーゼはヴォルテール(注3)の考え方である。ヴォルテールは、歴史は進歩であると固く信じていた。しかし彼にとっての進歩は、決して宿命的なものでも必然的なものでもなく、むしろ人間の忍耐強い、不屈の、辛い、厳しい努力の成果、しばしば失敗しては再開することを繰り返す努力の成果なのである。自然と文明の闘いに関してヴォルテールは文明を支持した。人間の真のそして唯一の特質は文明にあると指摘した。衰退説を信奉するルソーが、スイスの山村のような小規模な農業と手工業の共同体を理想の社会として憧れたのに対して、文明の側に立つヴォルテールは、文明の結果として生まれたものと文明をもたらすもの全てに対して一貫して強い意識を持っていた。つまり労働に対する情熱、豊かになりたいという強い願望、余剰（これが最も必要なものである）、贅沢、芸術、商業、産業などである。自然な状態とは無知の状態であって、単に動物的欲望を動物的に満足させるだけに過ぎない。地上の天国は、私たちの後ろにあるのではなく、私たちの前に、そして私たちと共にある。それは社会と文明そのものであってそれ以外の何物でもない（『浮世のすがた』［Le Mondain］）。

「働く」という言葉が、ヴォルテールの『カンディード［Candide］』の最後の場面で重要な意味を持つ。三人の主役が、ボスフォラス海峡を望む庭園に居を構え、それぞれが労働に自分の楽しみや適性を順応させ、それぞれが他の人たちと心から協力し、それまでの彼らの波乱に満ちた人生に欠けていた平和を初めて見出すのである。

労働こそが人生の不可解さを解明する最も効果的な手段であると皆が認める。「人間は休息するために生まれたのではない」とパングロス博士（カンディードの家庭教師）は言う。「理屈を言わずに働くことが、人生を耐え得るものにする唯一の方法なのです」とマルティンが言う。そして「でも私たちはこの私たちの畑を耕さなければなりません」とカンディードが言い、この言葉でこの本が終る。

結局、これらは百科全書家の思想である。彼らを北極星のように導いた思想は、理性と学問の光明を一層普及させるのに不可避であり絶対に必要な「進歩」という概念である。彼らにとって進歩は歴史と人文学の最高の原則であった。衰退よりも進歩を支持するのであるから、当然彼らは自然よりも文明および文明を作り出すすべてのものを支持した。農業、工業、商業、航海、冶金術等々、そして富、贅沢、労働の信奉者だった。彼らは労働を、学問とともに人類の進歩の最大の立役者であると考えた。彼らの中の一人ドルバック(注4)は、労働は万人にとって義務的なものであると考え、またすべての市民を相互扶助の絆で結ぶものと考えた（『道徳支配』[Éthocratie] 8章、『人間について』[De l'homme] 6章6）。

「労働の義務は刑の宣告ではない。労働はすべての被造物を我々人間に必要なものを貢ぐ存在として創られた父なる神の裁定なのである」（ベルナール・グロトゥイゼン(注5)『フランスにおけるブルジョア精神の起源』からの引用。1章二一六頁。パリ、一九二九年 N.R.F.(注6)）。大革命前夜の一七八八年に書かれたこのフレーズは、短い価値ある言葉の中に、労働の概念をめぐって起きた計り知れない精神的転換を凝縮している。そして近代精神とカトリック教会の古い精神との間に開いた超えがたい隔たりを明らかにしている。

イギリスにおいても、フランス同様の思想の推移をたどった。ロック(注7)は、労働を、個人の財産の源であり、あらゆる経済価値の源泉であると称賛した（『市民政府論［Treatise on Civil Government］』4章）。マンデヴィル[注8]によって、労働の概念の脱宗教化のプロセスがその進歩の頂点に達した。彼は、労働は神の栄光を地上にますます輝かせるための手段であると説くのではなく、社会的共同体のさらなる最大の繁栄を目指す手段であると説く。誠実という言葉を、その禁欲的で自制的な意味で美徳と解釈し、経済活動、情熱的活力、無限の欲望、自然な人間の無数の本能（虚栄、嫉妬、強欲、野心、娯楽、収入、富、贅沢への愛着）を悪徳と解釈することで、マンデヴィルは逆説的に社会的共同体を活気づけ繁栄させるのは美徳ではなく悪徳である、そして美徳が優位にあれば共同体は衰退し怠惰になるであろうと主張した。これが発表されるや、たちまち大きな反響を巻き起こした。幅広く、力強い、文化的な社会があるとすれば、それは人間が本来持っている悪徳によるものである。悪徳なしには、いかなる活動、いかなる富、いかなる大衆の栄華、いかなる文明もありえない。贅沢、浪費なしには、いかなる商業、工業、いかなる貧民のための仕事も存在しえないであろう。ここから彼の有名な警句が生まれる。「私悪すなわち公益」である（『蜂の寓話［The fable of the Bees］』）。こうして禁欲的倫理にとっては人間本性の否定的側面であったものが、今やあらゆる公的私的善が芽生える根源の力と考えられるようになったのである。

ヒューム[注9]によれば、人間と動物を区別するものは、労働と骨折りであり、それによって貧しく裸でこの世に放り出された人間が、全ての自然の恵みを手に入れることができるのである。必要は発明の母であると同時に活動の偉大なる刺激なのである。この派のすべての作家同様、ヒュームもまた贅沢と富を称賛した。

ルソーに異議を唱えるヴォルテールにならって、ファーガソン(注10)は、人間の活動と労働の所産である文明の中に、人間の真の本質が現れていると指摘した。彼によれば、自然状態とは、ルソーの定義とは違って、人間が生まれながらの素質とその活動の自由な展開によって導かれるあらゆる状態なのである。ヴォルテール、マンデヴィル、ヒュームと同様、ファーガソンも贅沢と富を称賛した。

最後に、文明に対していまだ未開であった状態からの進歩の過程において、進歩の第一の原因は、人間社会における自然な分業にあるということをすでにロック、ハッチソン(注11)、ファーガソン、ヒュームは強調していたが、アダム・スミス(注12)はこれにさらに強い光を当て、彼の経済思想の中心に位置づけた。ロックと同様、スミスは、国家の真の豊かさは、国が生み出すことができる労働の量によって成り立つと主張した。人間が毎年消費する財を作り出すのは、労働、人間の活動であって、自然の力ではない。自然の力は、そのままでは不毛で決して実を結ぶことはないであろう。

この思想の展開は、経済学の領域に一石を投じた。つまり労働の概念は、この経済学という生まれたばかりの学問の基礎概念となり、ますます広がって普遍性を獲得していった。重農主義者によれば、真に生産的な労働は農業労働である（この言葉には狩猟、漁業、鉱業も含まれている）。なぜなら、農業労働のみが富の原材料を供給するからである。工業や商業はただそれを使って作り変えるだけである。

ところがスミスは、生産的労働という概念を、原材料を使って人間にとって有用なものを作り出すすべての労働へと適用範囲を広げた。スミスには労働があらゆる富の源泉であるように見えた。農業労働、工業労働、商業労働を中止したり抑圧したりすれば、畑や市場ももはや何の価値も持たない。生産的階級は、その労働がどのような職種であっても働く階級である。不毛の階級は、日々を無為に過ごす階級のみである。

このような学説から、労働を価値の源泉とするリカード(注13)やマルクス(注14)の学説が派生した。しかしこれらの学説のさらなる個別の詳しい研究は今ここでの私たちの対象外であり、経済学研究において別途取り上げるべきものである。私たちにとっては、労働の概念からますます宗教色を消し、倫理的概念体系の中で労働をますます重要視するようになったこの思想の展開が、いかに経済学に大きな影響を与えたかを浮き彫りにしただけで十分である。しかし、自由主義経済学派においては、労働は、資本を代価に利益を生まなければならない機械と同じように感情を欠いたもので、いかなる倫理的関心からも外れていると考えられるようになった。

（注1）モンテスキュー［Charles-Louis de Montesquieu 1689－1755］フランスの啓蒙思想家、政治哲学者。『ペルシャ人の手紙』（1721）『ローマの隆盛と衰退の原因についての考察』（1734）『法の精神』（1748）他。

（注2）ルソー［Jean-Jacques Rousseau 1712－1778］フランスの作家、啓蒙思想家。『学問芸術論』（1750）『人間不平等起源論』（1752）『社会契約論』（1762）『エミールまたは教育について』（1762）他。

（注3）ヴォルテール［Voltaire　本名　François-Marie Arouet 1694－1778］フランスの作家、啓蒙思想家。『カンディードあるいは楽天主義説』（1759）『浮世のすがた』他。

（注4）ドルバック［Paul Henri Baron d'Holbach 1723－1789］フランスの唯物論哲学者、決定論者。『自然の体系』（1770）『自然政治』（1773）『社会の体系』（1773）『道徳支配』（1776）他。

（注5）ベルナール・グロトゥイゼン［Bernard Groethuysen 1880－1946］ベルリン大学で哲学を学び、ディルタイおよびジンメルの教えを受ける。フランスに渡り長年フランス革命を研究し『フランスにおけるブルジョア精神の研究』（1927）を著わした。

（注6）N.R.F.［Nouvelle Revue Française］『新フランス評論』は一九〇八年に創刊されたフランスの文芸雑誌。多くの作家を育てたことで有名。現在は総合出版の大手ガリマール出版社が発行している。

（注7）ロック［John Locke 1632－1704］イギリスの経験主義哲学者、自然法社会思想家、重商主義者『市民政府論』（1690）他。

（注8）マンデヴィル［Bernard de Mandeville 1670－1733］オランダの医師で後にイギリスで著作

を発表する。『蜂の寓話―私悪すなわち公益』（1714）他。

（注9）ヒューム［David Hume 1711－1776］スコットランドの道徳哲学者、啓蒙主義者、歴史学者、経済学者。『人間本性論』（1739）Ⅰ（理解について）、Ⅱ（情熱について）、Ⅲ（道徳について）、Ⅳ（政治について）、Ⅴ（批評について）『宗教の自然史』他。

（注10）ファーガソン［Adam Ferguson 1723－1816］スコットランド啓蒙哲学者。分業論。『市民社会試論』（1767）

（注11）ハッチソン［Francis Hutcheson 1694－1746］スコットランド啓蒙哲学者。

（注12）アダム・スミス［Adam Smith 1723－1790］スコットランド啓蒙哲学者、経済学者。デビット・リカードとともに古典派経済学の双璧の一人。主な著作『道徳感情論』（1759）『国富論―諸国民の富の性質と原因の研究―』（1776）他。

（注13）リカード［David Ricardo 1772－1823］イギリスの経済学者。古典派経済学の経済学者の中で最も影響力のあった一人であり、経済学のなかではアダム・スミスと並んで評される。『利益論』（1815）『経済学および課税の原理』（1817）他。

（注14）マルクス［Karl Marx 1818－1883］ドイツの経済学者、哲学者。『資本論』（1867－94）の第一部を書き上げたが、第二部、第三部はマルクス死後エンゲルスがマルクスの手稿をもとにまとめ出版された。本書第12章の（注8）を参照のこと。

第12章　十九世紀哲学に見る労働観

労働観にとって19世紀は偉大な世紀、黄金の世紀である。19世紀は、人間労働の勝利を、これとの相関関係において人間労働が理論化され自己意識を獲得するところの概念の勝利を見た。労働観はモラル概念体系のなかで下位に置かれた控えめな概念から、哲学概念のヒエラルキーのなかでますます高いところへ押し上げられ、ますます重要性と意義とを際立たせ、いよいよもって他の諸概念を自らに従属させ、敵対的諸概念を侵食し、ついには世界観ならびに生命観全体の堂々たるキー概念となるに至った。

労働観のこの上昇運動は、エマヌエル・カント(注1)によってもたらされた哲学革命とともにはじまる。カントは、受動的に受け取られた感覚データからのむきだしの抽象（経験論）あるいは存在の諸原理の直接の思想的反映（合理主義）としてではなく、精神、宇宙、秩序だった自然界に内在する法則にしたがって機能しながら、感覚でとらえうるデータの混沌から引き出されるところの綜合的および統一的な力(ポテンツァ)として認識をとらえた最初の人である。精神は、その精神自体の奥底から秩序と調和をうみだす活動のように見える。認識するとは、作ることであり、行動することであり、生産することである。いいかえれば、統一性と調和を生産することである。生産的行動の概念は、哲学的思弁の心臓部のなかにしっかりと設定され、そこからはなれることはない。カントの批判精神からプラグマティズムの最新の形態にいたるまで、重要で生きた潮流からなる近代哲学の歴史全体は、綜合的活動として、生産性として、造物主的性格[demiurgicità]としてのこの精神の概念がますます深められていく歴史である。近代思想のすべての努力は、自然のなかに、人間精神としての生産的綜合をますます明確に見ようとする。カント以後、近代哲学は、見かけの上では矛盾するような二重の運動に従う。すなわち、一方では労働という個別概念を生産的活動としての精神という一般概念にますます転化させ、他方では、つつましい職人的労働のモデルにもとづいて精神の綜合的かつ生産的な活動をますます構想しようとする、そういう二つの運動である。

カントからプラグマティズムおよびベルグソンにいたるまで、精神の哲学の発展のえがく曲線は、生産性として、効用性として、造物主的なものとして精神を構想し、同時に製造行為として、産業労働として、精神を構想する傾向がますます顕著になっていく。カントにあっては、それ自身以外に、すなわち精神の特性そのもの以外に別の原因をもたない精神の綜合性は、その後の思弁過程のなかで、因果関係として《理性》を超越する力、いいかえれば《意志》の、つまり《生》の力に徐々に再び結びつけられるようになる。カントの観念論およびポスト・カントの観念論は、世界、自然は認識へと再び立ち返ってくる、と主張する。最近半世紀の非合理主義的および生気論的な思想潮流はさらに大きな確信をもって、《認識》が《意志》と《生》へと再び立ち返ってくる、と主張する。世界は精神が世界を認識する限りでの世界である。精神は、認識することが意志すること、生きることの消し去ることのできない不可欠な機能である限りにおいて、認識する。そして生きることは、さまざまな仕方で、混沌とした多様性をかいくぐる単一体として、つねに自己実現をはかることであり、無秩序に秩序を、無意味に意味をつねに課すことであり、つねに努力であり緊張であり効用であり造物主性である。一言でいえば労働なのである。

すでにフィヒテ(注2)にあって、この精神の造物主的考え方はいささかの曖昧さもなく定式化されているように思われる。人間は、活動力のなかに、また活動力のなかにのみ、いっさいの幸福感をみいだすべきものである。あらゆる悪の源泉は物質であることに内在する怠惰、無気力である。物質から生まれた人間は、当然のことながら怠惰である。自然的な怠惰と、自然状態から抜け出すさいに人間のなかに点される欲求とのあいだのたたかいは、ここから生まれる。この欲求を満たすために、あるがままの、そしてそうであるべきものの粗野で未開の自然に働きかける以外に、人間は手段をもたない。なぜなら人間は自然状態から脱げ出し自然を自分の臣従に転化せざるをえないからである。労働は、それ自身のなかに、人間が自らを強く能動的であると感じさせる喜びの代償をもっている（フィヒテ『学者の使命』Ⅴ）。誰しも自分の労働で生きることができる。したがって、国家は、誰もが可能な限り働くかどうかを監督する権利を有する。生計を維持するために自分の領分で可能なことをなした人およびそれをなそうとしてなせなかった人だけが救済される権利を有する。国家は、市民の一人ひとりが自分の生活の必需品を労働で稼ぎ出すように、市民に働く権利を保障しなければならない（フィヒテ『自然権の基礎』§16）。自殺すること、というよりもむしろひたすら自殺しようと願望することは、もはや働かないことを欲するがゆえに罪である（フィヒテ『倫理学講義』、§20）。地上における人間の運命は、働くこと、継続的かつ漸進的に自然を精神に服従させること、《私でないもの》を《私》に、非理性的なものを理性に服従させることである。世界の諸悪は、解決を求められた課題でしかない。そして労働だけが、少しずつ漸進的にそれらの悪を解決する（『人間の使命』Ⅲ、『現代の特徴』Ⅲ）。

同じような概念の転回のなかでヘーゲルも動いている。ヘーゲルによれば、労働だけが人間に欲求を満足させる手段を手に入れさせる。細工を施す必要のない直接的物質は非常に限られている。空気でさえも、人は空気を暖めなければならないわけだから、手を加える工夫が必要である。水だけはあるがままに飲むことができる（ヘーゲル[注3]『法の哲学』§196）。これら偉人たちの精神的遺産は失われることはなかった。

最も生き生きした諸潮流における近代の認識哲学のあらゆる努力は、認識を再び生産的労働に導く傾向をしめすようになる。認識とは《つくる》ことである。人は人が《つくる》ものだけを本当に認識する。だが人間は本当に何を《つくる》のか？　感覚の最新データでは必ずしもない。これらのデータは外側から人間に押し付けられ、しかも人間によって押し付けられるのでなく人間の中にあるもののように見えるからだ。しかし人間は労働のおかげでそれらの最新の感覚データをさまざまな形に組み合わせ、それらを人間の必要、人間の欲求、人間の気まぐれに従順なものに変えことができる。いいかえれば、現実の自然、創造された自然を少しずつ実験室の自然、工房の自然に取って代える。この自然を人間が認識するのは、彼がそれを作ったからであり、彼にとって明らかなのはそれが自分の作品だからだ。認識の問題はここにきて実際的な解決を受け取る。技術は認識の問題を実際に解決する。

人間労働、技術と《知性》の関係を誰よりもはっきりと見とおしたのはベルグソン(注4)（『創造的進化』、第Ⅲ章）である。

ベルグソンによれば、人間の《知性》は、本質的には、機械の発明によって特徴づけられる。人間が知的動物であるということを意味するのは、単純にいって、もともと人間は自分のために人為的対象物を、とくに道具を作るための道具を自分で作るすべを心得ているということである。人間は物作りをするかぎりで《知的》なのである。ほかでもなく物作りとしての製作性があったからこそ、人間は、動物に背を向けてそれから離れ、《生》の歴史に新しい周期の幕を切って落とした。本能は諸々の有機的器械[注5]を利用したり組み立てたりする動物の能力である。有機的器械は、作るように求められている物を、一挙に、望むとおりの瞬間に、難なく、驚嘆すべき見事さで、作ってしまう。そのかわり、有機的器械は変わることのない構造を保持する。だから本能は特化される。というのは、本能は特定の目的のために特定の器械しか利用することができないからだ。これとは反対に、知恵を働かせて製作された、人工的器械は不完全で、努力を代償に得られるものであり、処理するのにも骨の折れるものだが、無機質の物質で製作されるから、どんな形にもすることができるし、どんな用途にも役立てることができ、その道具を使う人にたいして際限のない力を与えることができる。人工的器械は、それを製作した存在に反作用し、より豊かな有機的機能性をその存在にあたえる。そして、どんな欲求のためにも新しい優れた欲求を作り出し、本能として動物が無意識のうちに動きまわるであろう行動範囲を仕切ってしまうのとは反対に、その活動のために特定されない場を開放する。この場でさらに遠くへと活動を推し進め、活動をますます自由なものにする。

《知》は地上に工具をもって現れる。ライバルの動物の頭を断ち切るためにはじめは火打石を研いだ動物は、数世紀にわたって終わりのない人類の王国を開闢(かいびゃく)した。《知》は本質的には手工業的で機械的であった。《知》は《生》に背を向け、不活発な物質、無機の固体の方向に向かった。原料に手を加えながら、《知》は原料以外はもはや何ものをも理解しない習慣を身につける。《知》は堅いもの、不連続なもの、不動のものとして世界を考えることに慣れっこになる。《生》のほとばしり、有機的な生成の流動性、心的状態の相互浸透は、《知》にとってうかがい知れない《なぞ》のままである。そのかわり、地上には《知》とともに意識と自由が現れた。なぜ意識か。それは意識が行動の計画と行動そのもののあいだの《すきま》から生まれ、そして《知》は本質的に計画、予定、設計図、行動形態を産み出すものだからである。まさに《知》は人工的器械を製作するからである。なぜ自由か。それは《知》がますます同一の特定行動への隷属から人間を解放し、人間をどんな状況に置かれていても無難にそこから抜け出せるような状態に置いてくれるからだ。工具を製作する《知》のおかげで、人間は本能への隷属、確固不動の動作への隷属から解放され、思うように行動し際限なく自分自身を乗り越える自由を獲得する。

たしかに、ベルグソンによれば、この自由は、《生》に背を向け、深部にほとばしりでる《生》を理解することを諦めることによって獲得される。たしかに、《知》の衰えに身をゆだねることは、自然のなかに私たちの物作り能力が際限なく発揮されるであろう物質の貯蔵庫以外に何ももはや見えない運命に甘んじることである。しかし意識と自由はこれを代価に得られるのだ。ほかでもなく本能、有機的器械を断念し、人工的器械を製作することに身を投じることによって、《生》は、人間をとおして、本能の泥沼にはまり込んでいた《生の飛躍》の永続性を保証し、自由を保持し永久化する。したがって、ベルグソンの思想において、人間の産業技術は、言葉の最も厳密な意味において諸々の世界を創造した《生の飛躍》の連続性である。産業技術には神の創造の手が長く伸びている。ベルグソンはここで、マルシリオ・フィチーノ[注6]やジョルダーノ・ブルーノ[注7]やユダヤの神秘主義者などイタリア・ルネサンスの偉大な師匠たちの深い洞察（直感）力に到達する。

技術のすばらしく人間的な現象は、後に見るように、マルクス[注8]に高く飛翔する理論家をすでに見出していた。マルクスは生産手段の変容のなかに、人間社会の変革と革命の究極原因を見ていた。技術は、マルクスによって、究極的な歴史の推進力という高い地位に就かせられた。ベルグソンはこの点でマルクスと意見を同じくしているだけでなく、もっと先にすすんだ。ベルグソンの技術哲学は歴史哲学の境界を超えて、《生》と宇宙の歴史の新たな一章となった。ギリシャの哲学者たちが傲慢にも見くびってそれから視線をそらした、つつましい生産手段、機械は、それをとおして創造的進化が絶えざる創造の努力を永続化する何がしかの物となった。

どの哲学者も、ベルグソン以上に人間の生産的労働をこのように高く位置づけ、よりふさわしくたたえたものはいない。ベルグソン以前に、人間がその崇高さをたたえるのは物作りにおいてであることをひじょうにはっきりとのべた者はいない。ベルグソンのおかげで、ホモ・ファーベル〔ものを作る人〕(注9)はホモ・サピエンス〔知恵のある人〕の同義語となった。ベルグソン以前、ホモ・サピエンスのホモ・ファーベルへのこの転化に重要な貢献をもたらしたのは、次章で述べる19世紀に開花した社会主義諸学説であった。

（注1）イマヌエル・カント〔Immanuel Kant 1724－1804〕プロイセン王国出身の思想家で大学教授。近代において最も影響力の大きな哲学者のひとり。『純粋理性批判』『実践理性批判』『判断力批判』の三批判書を発表し、批判哲学を提唱し、認識論におけるいわゆる「コペルニクス的転回」をもたらす。ドイツ観念論哲学の祖でもある。

（注2）ヨハン・ゴットリープ・フィヒテ〔Johann Gottlieb Fichte 1762－1814〕ドイツの哲学者。ヘーゲル、シェリングと並ぶドイツ観念論を代表する思想家。哲学史的に見れば、知識学〔Die Wissenschaftslehre〕をその主眼としてカントの批判哲学の継承者あるいは、カントの哲学からヘーゲル哲学への掛け橋を担った人物とされる。ただ、一般的には通俗哲学の著作のほうが著名と言われ、当時ナポレオンI世に占領されていたベルリンで行った教育についてなどを扱った講演録『ドイツ国民に告ぐ〔Reden an die Deutsche Nation〕』の講演者としてのほうが有名とも言われている。

（注3）ゲオルク・ヴィルヘルム・フリードリヒ・ヘーゲル〔Georg Wilhelm Friedrich Hegel 1770－1831〕ドイツの哲学者。フィヒテ、シェリングと並んでドイツ観念論を代表する思想家。優れた論理性から現代の哲学研究も含め、後世にも多大な影響を与えた。ブラッドレー、

サルトル、ハンス・キュング、ブルーノ・バウアーらの賞賛、キェルケゴール、ショーペンハウアー、ハイデッガー、シェリングらの批判など、様々な文筆家を通じ、彼の影響は広がっていった。主な著作は『精神現象学』(1807)『大論理学』(1812－16)『エンチクロペディー』(1817、1827、1830年、第一部『小論理学』第二部『自然哲学』第三部『精神哲学』)。『法哲学(綱要)』(1821)『美学(講義)』『歴史哲学(講義)』『哲学史(講義)』『宗教哲学(講義)』など。

(注4) アンリ・ベルグソン〔Henri-Louis Bergson 1859－1941〕フランスの哲学者。《生》の哲学者とも言われる。一九二七年にノーベル文学賞を受賞。主な著作に『時間と自由』(1898)『物質と記憶』(1896)『創造的進化』(1907)『精神のエネルギー』(1919)『道徳と宗教の二源泉』(1932)『思想と動くもの』(1934)などがある。主著の一つ『創造的進化』はベルクソンにおける意識の持続の考え方を広く生命全体・宇宙全体にまで押し進めたものとされ、そこで生命の進化を押し進める根源的な力として想定されたのが有名な「生の飛躍(élan vital)」である。

(注5)「有機的器械」は、鳥の翼、犬の嗅覚、ネズミ、リスなどのけっ歯動物の歯などをさしたものだと推定される(英語版『ホモ・ファーベル』訳者の脚注参照)。

(注6) マルシリオ・フィチーノ〔Marsilio Ficino 1433－1499〕ルネサンス期の哲学者、ユマニスト。本書第10章の(注1)を参照のこと。

(注7) ジョルダーノ・ブルーノ〔Giordano Bruno 1548－1600〕哲学者、ドメニコ派の司祭、異端としてローマのフィオーリ広場で火炙りの刑に処せられた。本書第10章の(注4)を参照のこと。

(注8) カール・ハインリヒ・マルクス〔Karl Heinrich Marx 1818－1883〕ドイツの経済学者、哲

学者、ジャーナリスト、革命家。20世紀において最も影響力があった思想家の一人とされる。親友にして同志フリードリヒ・エンゲルスとともに、包括的世界観および革命思想として批判的共産主義の学説を打ちたて、社会主義革命により共産主義社会が到来する必然性を説いた。『共産党宣言』の結語「万国のプロレタリアよ、団結せよ！」の言葉は有名である。マルクスの経済学批判による資本主義分析は主著『資本論』に結実し、『資本論』に依拠した経済学体系はマルクス経済学と呼ばれる。

（注9）「ホモ・ファーベル（ものを作る人）」と「ホモ・サピエンス（知恵のある人）」の関連について、ベルグソンは『創造的進化』［L'évolution créatrice］第2章「生命進化の発散方向　麻薬　知性　本能」で述べている。

「かりに私たちが思いあがりをさっぱりと脱ぎ捨てることができ、人類を定義するばあいその歴史時代および先史時代が人間や知性のつねにかわらぬ特徴として提示しているものだけに厳密にたよることにするならば、たぶん私たちはホモ・サピエンス（知性人）とは呼ばないでホモ・ファベル（工作人）と呼んだであろう。つまり、知性とはその本来の振舞いらしいものからみるならば人工物なかんずく道具をつくる道具を製作し、そしてその製作にはてしなく変化をこらす能力なのである」（真方敬道訳、岩波文庫、一七一ページ）。

また『思想と動くもの』（一九三四年）の緒論（第2部、問題の提起）で次のようにのべている。

「人間は本質的に工作者［fabricant］である。自然は人間に、たとえば昆虫の器官のようにすっかりできあがった器官を授けなかった代わりに、悟性すなわち無数の道具を発明し制作する能力を与えた。ところで工作［fabrication］というものは、いくら簡単でも、知覚されもしくは想像された原型に基づいておこなわれる。その原型そのもの、もしくはその構築の図式が規定している類は、実在的である。こうしてわれわれの文化全体が基づいている一定数の普遍観念については、われわれがそれを作ったのであるから内容を完全に知り、それなしにはわれわれは生活することができないのであるからその価値は重要なものである」（河野与一訳、岩波文庫、八九－九〇ページ。Henri Bergson, La pensée et le mouvant Essais et conférences. II. - Introduction (deuxième partie) . De la position des problèmes (22, janvier 1922)）

「私たちは、物質的にも精神的にも創造し、事物を作り自分自身をも作るのが人間の本質だと信じている。『ものを作る人（ホモ・ファーベル）』というのが私たちの提言する定義である。『知恵のある人（ホモ・サピエンス）』は、自分の作ったものについて『ものを作る人』の反省から生まれたものであるから、純粋な知性にのみ依存する諸問題を純粋な知性によって解決するかぎり、同様に尊敬に値するもののように思われる。それらの問題の選択にあたって一人の哲学者が間違えるかもしれないが、もう一人の哲学者がその間違いをただすであろう。二人とも全力を尽くして仕事をしただろうから、二人とも私たちの感謝と賞賛に値しうるであろう。『ものを作る人』『知恵のある人』、この二つはとかく混同されがちであるが、私たちは両方に頭を下げる。私たちに反感を起こさせる唯一つのものは『しゃべる人（ホモ・ロクアクス）』であって、『しゃべる人』が考える時、その思考は自分の言葉についての反省でしかないからである」（前掲書、一二五－一二六ページ）。なおここで引用した邦訳は若干手直しして使わせていただいたことをお断りしておく（本書訳者）。

第13章　社会主義諸学説に見る労働観

社会主義の諸学説が解決を迫られた最も重大な問題は、これらの学説によって予告された新しい社会では、誰しもそれからまぬがれることのできない労働の義務という問題と、金持ちも貧乏人もいないし財産所有者も無産者もいないために欲求も窮乏も儲けへの欲望ももはや労働への刺激としては機能しないような社会を組織する問題とを融合させることであった。社会主義の諸学説がこの問題にあたえた解答は、それらの学説の一般的な生命観と申し分なく調和している。

地上と現世に向けたれた明確な内在哲学、彼岸については気にかけずさりとて彼岸を否定もしない哲学、《進歩》をその枢要概念とする哲学、こうした哲学のうえに打ち立てられた社会主義の諸学説は、労働を償うべき罪としてとらえるユダヤ・キリスト教的な労働観を拒否する。ユダヤ・キリスト教的な労働観は、《進歩》の教条とは明確に敵対する原罪の教義を建前とし、それとの必然的な相関関係において、地上の不均衡と不公正とがひとしく償われるであろう彼岸にたちかえる。本質的に内在哲学的な観点に立ち、人間性にとってどこか嫌悪を感じさせるものとして、つまり、自らすすんでその気になるわけではなくいやいやながらも受け入れてしまうようなものとして労働を考える人は、社会の権威主義的で専制的な考え方にどのみち行き着かざるを得ない。人間が生来労働に嫌悪をもよおすものならば、彼岸の世界の可能性にたいし懐疑的あるいは無関心な社会、しかも万人の共通の運命が労働であったような社会においては、だれもがいやいやながら働かざるを得ないであろう。このような結果を避けたいと思うならば、人間が本来労働を毛嫌いするなどというのは真実ではないし、むしろその反対こそが真実であることを認めるしかない。これこそ、人間を活動力として規定し称揚する近代哲学の落とし子として、社会主義の諸学説がたどる道であった。

モレリ(注1)は、特殊な利害関心、「持ちたいという欲望」、すなわち物欲に、すべての社会悪の根源があることを根本的な考え方として定めた。個人的利益は人間のエネルギーの必要な刺激剤だと異論をとなえる人にたいして、モレリは答えた。人間は自然に活動的な存在なのであって、労働自体を少しも忌み嫌うものではなく、ただ単調で長引く労働を忌み嫌うだけだ、と。何人かの人のために繁栄、幸運という永久の休閑状態を定めて、その他の人々には怠惰や労働への憎しみを育成する労働、労苦を永遠の遺産として残そうというのは、専断的な制度である。一方では怠惰と豪奢を産み出し、他方では無理強いされた労働への嫌悪を産み出すのは、悪しき社会組織である。だが労働それ自体は少しも嫌悪をもよおさせるものではなく、どちらかといえば楽しく魅力的である、と。

マブリ(注2)は、私有財産の所有によってあたえられる可能性は労働への重要な刺激となるが、それだけに社会的腐敗を産み出してしまうおそれがあることも否定しない。さいわいなことに、人間の心情には、狭義の共産主義体制においても、労働へと人間の心をいざなうような別の誘因にはこと欠かない。このことは、古代共和制や現在も存在する教会コミュニティの歴史が物語っているとおりだ。「農民たちを押しつぶしてしまうような労働は、そういう労働を全ての人間が実践してはじめて、たのしい気晴らしとなるものではないだろうか」。

快適な労働という考え方を最も明確に表現したのはフーリエ(注3)である。フーリエは、これまで人間がそれをきっかけにして働いてきた動機は、貧困、物欲、社会および宗教による強制の三つである、と述べる。この点では、古代奴隷制社会と近代の文明社会とのあいだにさしたる違いはない。そうではなく、ファランステール〔フーリエが主唱した協同組合社会〕を本拠地とする新しい社会では、労働はよろこびであって、人間はお祭りや遊びにでも行くようなつもりで労働におもむくのだ。一人ひとりに生計の資が最小限保証され、労働が義務ではなく任意のものとなるなら、このことは可能である。ファランステールでは、だれもが自分の好みにしたがって、自分の適性によりふさわしい仕事を希望することができる。労働時間は短い。自分の好みにしたがって仕事を次から次へと自由に《渡り歩く》ことも許される。各種の労働班の競争意識、各々の班内部で効果を発揮する団体精神、労働がおこなわれる環境の衛生状態や快適さ、職場の従業員のローテーション、派手な労働よりも必要な労働にたいしてより多くあたえられる俸給、面倒な辛い労働は機械の作業にまわして廃止し、そのかわりにやさしい柔和な労働で代替すること（当然にもこうした方向を推し進めることによって、フーリエは産業主義や製造の考え方には大反対であり、農業、どちらかといえば蔬菜園芸や造園、すなわち畑での栽培のようなよりやさしい快適な仕事の支持者であることを公然と言明していた）、以上の考え方を取り入れることによって、労働からあらゆる労苦と単調な要素を取り除き、言葉の最も正しい意味で労働をある種の遊戯に、もっと正しくは情熱に転化させることになるであろう。

フーリエが労働問題にあたえた解決策は、アナーキズムの立場にたつ作家たち（クロポトキン(注4)をあげれば十分であろう）によって全面的に受け入れられた。一般的にいって、将来社会を自由に結合した労働者の職場をモデルに構想するあらゆる制度は、論理的帰結として魅力的な労働(注5)［le travail attractif］の考え方を受け入れることになるだろう。さらに、こうした考えは、カベー(注6)において共産主義と最も良く馴染んだ考え方であったが、その点フーリエやアナーキストたちの立場とは大きな隔たりがあった。イカリアの共産主義国家では、労働は義務である。それでも労働は、少しも嫌悪をもよおさせるものではない、とカベーは約束する。すべて平等な報酬を受けすべて平等に評価される職業を自由に選択すること、労働を監督する者を自由に選択すること、不快で健康に悪い仕事をなくし人間を長期のつらい仕事から解放するため機械を利用すること、勤労者のあいだに競争意識をはぐくみ、行き届いた教育によって公民にたいし愛情をしっかりと注ぐこと、これらがイカリアの共産主義的共和制において、義務労働を快適な仕事へと切り換える奇跡を実現することになる、というわけであった。

これまで私たちが語ってきた社会主義者は、いわゆる空想的社会主義の代表者であるが、労働の問題についてマルクスとエンゲルスのいわゆる科学的社会主義があたえる解決方法は、実質的には、空想的社会主義のそれと大きな違いはない。それもそのはずであった。社会が生きのびようとするなら誰かが過酷でつらい仕事を引き受けなければならないが、こうした事情にたいしていわゆる科学的社会主義も、空想的社会主義と同じく、全幅の信頼をもって、科学に頼る道を選んだ。科学は、人間にかわってますます機械を利用することによって労働時間を短縮し、その重圧を軽減することができるだろうからだ。使用者と賃金労働者の関係は打ち壊され、企業の円滑な運営に等しく関心をもつすべての勤労者の自由な協同社会（アソシエーション）の関係に取って代わられる以上、労働意欲は共産主義以前の社会よりも低くなることはないだろうし、共産主義社会が続けば続くほど、連帯感と愛他主義の感情がしだいに成長しそれにつれて労働意欲も成長していくことだろう。そしてたとえ重要さに乏しいものであろうとも、機械装置の拡張がすすみ、分業は改善され、生産過程の合理化がすすめば、少ない報酬を補うことにもなるだろう。

労働は因襲的なものではなくなり、より合理的で、より短く、より良く組織されたものとなり、多くの時間をより自由で、より高度な、実により人間的な生活にふりあてることができるであろう。協同社会（アソシエーション）はエネルギーを調整し増幅させることになるだろう。この組織は労働を節約し豊かにするだろう。社会化され合理化された労働は、今日ほど熱病的でも無秩序でもなく、ますます調和のとれた、節度ある、組織だったものとなるであろう。あらゆる寄生的エリートを廃止し人間の人間にたいする一切の搾取を根絶することによって、今日でもなおそれに汚染されているあらゆる種類の強制と暴力の要素を労働から取り除き、労働がこれまでまとってきた夫役のような性質を取り払うことであろう。

　搾取される他人の負担で生きる怠け者も、不労所得者ももはやおらず、最も有能な実業家の指導のもとにみんなが働きみんなが生産にいそしむ大工場制度をモデルに組織された国民（ネイション）という理想を、最初に構想し明確に表現したのは、サン・シモン[注7]とサン・シモン派であった。政治が人間の統治であることをやめ、最終的には経営に吸収され、生産的技法の指導が中心となるという考え方をはじめてあきらかにしたのはサン・シモン派であった。マルクス、エンゲルス、そしてソレル[注8]は将来社会をこれと違ったようには考えてはいない。ただ、サン・シモン派の考え方に特徴的な権威主義の代わりに、マルクス、エンゲルスは勤労者の協同社会（アソシエーション）の統制なき自由を重視した。サン・シモンは、無為に過ごす者のいない、みんなが働く世界を望んだ。しかし、サン・シモンにとって、働く者とは、労働者と同じく雇い主（パトロン）もそうであり、農民と同じく銀行家もそうであるが、雇い主や銀行家は先行して存在したから労働者や農民などを統率することになる。だからサン・シモンは企業指導者と労働者のあいだに設けられた階級制度（ヒエラルキー）は廃止しないのである。

マルクス、エンゲルス、ソレルはそれよりさらに先にすすむ。つまり、もはや富める者でも、先行して存在し労働者とともに共存して彼らを統率する企業指導者でもなく、重要なのは生産手段の所有者たる働く者の自由な協同社会（アソシエーション）である。このために、これら自由な協同社会（アソシエーション）においては、労働はサン・シモンの理論に見られる権威主義的性格を失うことになる。この点で彼らは、フーリエの考え方に立っている。もっとも彼らは、フーリエよりも現実主義的で、魅力的な労働、遊びとしての労働、スポーツとしての労働というユートピアに屈することはない。彼らにとって、新しい社会においては、機械の導入によって量的に最小限の時間に短縮され、最大限に非物質化され人間化された労働こそ、人間の正常なあり方を意味する。マルクスにとって、生産的企業、私的企業は労働でなく収奪を意味する。企業家は生産物の一部（利潤）を労働者から収奪し、生産されたものの価値（流通において価格というかたちで達成される価値）ではなく、生産コストないしは労働者の生計によって推し測られた賃金をその労働者に与える。そのような社会では労働の尊厳は企業家の起業心にまで後退し、利潤は収奪という烙印を押される。私的企業が廃止される社会主義社会では利潤が廃止される。労働と価値の一致を妨げるものはもはやなく、労働者は、ブルジョア社会では資本家の利益のために部分的に収奪される自分の労働の生産物を全面的に受け取る（これはラサールの考え方である。(注9)マルクスはこれを修正し、やむをえない必要な社会的経費を差し引くことになる）。だからこそ社会主義社会はブルジョア社会よりも、健全で公正で道義的(モラル)である。社会主義社会はその最初の段階で――とマルクスは説明する――実際に提供された労働にもとづいて各人に消費手段を分配する。より高い第二段階では、各人が奴隷のように分業に服従することはなくなり、知的労働と肉体労働の格差は解消し、集団的な富の源泉はよどみなく流れ出し、各人はその必要に応じて受け取ることになる。こうして労働は、投機的で詐欺的な重商主義のあらゆる欠点から解放され、純粋に技術的および生産的なものになっていく。利潤のための生産から必要のための生産へと取って代わられることによって、労働はあらゆる不純なエゴイズム、物欲、不正行為から解放されるだろう。こうして労働は避けられない宿命だとか厳しい贖罪であるとか抽象的な道義的義務であることをやめ、人間としての当然の行為のあり方となる。人間にはもはや賢人とか苦行者とか市民とかの類型はなくなり、あるのは生産者という意味の勤労者である。労働の手段を共同で管理し共同体(コミュニティ)の多くの財のために際限なく物質を加工する、自由に結合した自由な勤労者の広大な社会、これが社会主義の理想である。勤労者となった人間は、もはや彼岸のためでなく現世のために、世界を観照するためでなく世界を改造するために、その精神を発揮する。なぜならこれこそ人間にとって世界を認識する唯一の道だからである。

マルクスの哲学にあって労働は、形而上学的な意味と重要性をおびている。労働は彼の哲学の中心的な概念となる。マルクスは人間をそれ自体の原因であり結果として、創造主であると同時に被造物として構想する。人間は、環境によって規定されるが、環境そのものがそれを実現した人間の作り物であるわけだから、結局、環境は人間によってしか規定されないのだ。そして人間が環境を作り出したように、人間はその目的に環境をよりよく適応させるために環境を不断に変え続けるのである。

人間の必要を満たすために人間によって創り出された環境は、人間が満たせないために多少とも徹底してその変更に向けられた行動をうながすさらなる必要を生み出すことになる。だから人間の行動は本来、革命的であるが、だからといってその行動は現実離れしたむなしいものでも、主観的な気まぐれによって強いられたものでもなく、むしろ環境への反応としてほとばしりでる要求や必要の性質によって厳密に規定されてくるのだ。環境が需要を生み出し、需要がその需要を満たすための革命的行動を生み出すのである。そして革命的行動は、生活の日常的な営みや日時のゆっくりとした流れのなかで眼に見えない形で静かにおこなわれるのであるが、差し迫った抑えがたい要求が古い経済制度の暴力的な転覆や新しい経済制度の暴力的な樹立によってしか満たすことができない、そのような歴史の重大な危機的状況において、革命的行動は頂点に達することがある。人間が生活にぜひとも必要な財をつくりだす過程は、社会の広大な法的、政治的、イデオロギー的な上部構造がその上に打ち立てられている土台である。その過程の特定の発展段階において社会の生産諸力がそれらの生産諸力を固定化させ停滞させる所有関係と衝突すると、そのとき社会は危機に陥る。所有関係はその発展形態から生産諸力の発展を妨げる足枷となる。生産諸力は所有形態に反発してくる。生産諸力は適切な所有形態を生み出し、これらの形態の内部で成長し開花し旺盛な発展をとげ、発展をとげることによってこれらの形態と緊密な関係におかれるが、やがて生産諸力はその形態にも反抗し、別のもっと適切な形態をつくりだそうとする。これが社会生活のリズムである。人類史の巨大な機関車を動かすのは、生活にとって不可欠な財を産み出すところの慎ましい労働である（マルクス『経済学批判』序言）。

かくして、このマルクスの考え方では、労働は造物主的な力をもって立ちあらわれる。哲学することとは、行動することであり、生産することであり、働くことである。世界を認識することとは世界を変革することである。真の哲学者は働く者である。この意味でマルクスは、革命的プロレタリアートはドイツ古典哲学の正統な継承者であると述べたのだ。こうして労働は人間の最も高い威厳と崇高を表象するものとなる。労働は、司祭と受難者と神がひとつに一体化する一種の宗教儀礼のようなものであり、人間の最高の権利であり最高の義務でもある。労働を自由な同意の下での義務と考えたのは反マルクス主義の立場に立つ国家社会主義者シュペングラー(注10)である。彼は労働を完全な意識のもとに個人によって共同体のためにたむけられた奉仕活動だと考えた。マルクス主義的なサンディカリストであるソレルが夢見た将来社会はなんであったか。それは、芸術作品を手がける芸術家のように、自分より先に打ち立てられた記録をぬりかえようとする立派な競技者のように熱心に、自由な生産者が生産にたずさわり、愉しそうな生活力に培われて、際限のない進歩という終わりのない道にむかって生産が飛躍する、そういう未来社会であった。

(注1) モレリ［Étienne-Gabriel Morelly 1717－?］啓蒙時代のフランス哲学者、私有財産の廃止、教育・扶助・連帯の国家制度などユートピア共産主義思想を説いた。著書に『自然法典』(一七七五)がある。
(注2) マブリ［Gabriel Bonnot de Mably 1709－1785］フランスの哲学者。
(注3) フーリエ［François Marie Charles Fourier 1772－1837］フランスの哲学者、未来社会として「協同社会」の実現を説いた。イギリスのロバート・オーエンとともに、ユートピア社会主義の実践家。
(注4) クロポトキン［Kropotkin 'Pyotr A. 1842－1921］ロシアの無政府主義者、貴族出身、ナ

ロードニキの運動に参加して投獄される。一八七六年に脱獄し渡英。3月革命後、帰国しケレンスキー政権を支持した。著作『相互扶助論』『フランス大革命』など。

（注5）「魅力的な労働」カール・マルクスは『経済学批判要綱（草案）』（1857－1858 [Grundrisse]：MEW Bd. 42）で以下のように指摘している。

「労働が魅力的な労働［travail attractif］、個人の自己実現となるための諸条件、主体的ならびに客体的な諸条件がまだつくりだされていない（これらの諸条件を失っている遊牧状態その他の諸状態にくらべてさえも）ような労働についてである。だが労働が魅力的な労働、個人の自己実現となるといっても、このことはなにも、フーリエが浮気なパリ娘のようなひどい素朴さで理解しているように、労働がたんなるおどけや、たんなる娯楽となるということをけっして意味するものではない。真に自由な労働、たとえば作曲は、同時にまったく大変な真剣さ、はげしい努力なのである」（III．経済学批判要綱――ノートVI、資本にかんする章――第2篇 資本の流通過程，五五五頁、高木幸二郎監訳、大月書店）

（注6）エティエンヌ・カベー［Cabet, Etienne 1788－1856］一八三一年下院議員に選出。新聞『ポピュレール』を創刊するが、それがもとでイギリスに亡命、ロバート・オーエンに迎えられた。『イカリア旅行』を執筆、労働にもとづく理想社会を描いた。一八四八年テキサスに購入した土地に協同社会を創設、幾多の実験を試みたが失敗。カベーは協同社会から追放され、セントルイスで死亡。異端的な協同社会が一八八六年までアイオワに残った。

（注7）サン＝シモン［Claude Henri de Rouvroy Saint-Simon, 1760－1825］フランスの社会主義思想家。彼の諸説は後代の社会主義学説の発想をほとんど含んでおり、生前は認められなかった

が、弟子のアンファンタンとバザールなどによって、〈サン＝シモン主義〉と称する半ば宗教的で共産主義的な教説として、世界の社会思想に影響を与えた（学校や協会もつくられた）。サン＝シモンの社会研究の態度は、高弟コントに受け継がれ、実証主義社会学として結実した。『ジュネーブ書簡』（1802）『産業階級の教理問答』（1823－24）『新キリスト教』（1825）

（注8）ジョルジュ・ソレル［Georges Eugène Sorel 1847–1922］革命的サンディカリズムの理論で知られるフランスの政治哲学者、社会学者。著書に『暴力論』（1908）『マルクス主義の解体』（1908）がある。

（注9）フェルディナンド・ラサール［Ferdinand Lassalle 1825－1864］ドイツの政治家、社会主義者。

（注10）オズヴァルド・シュペングラー［Oswald Arnold Gottfried Spengler 1880－1936］ドイツの歴史家、哲学者。勃興と衰退の文明周期論を提起した『西欧の没落』（1917）で知られる。

第14章 ボリシェヴィズムにおける労働観

19世紀をつうじて、ヨーロッパ各国には、社会主義政党と社会主義政党によって組織されたプロレタリアートの影響のもとで、社会的労働立法があらわれ豊かな発展をとげた。たとえ要点だけにしろ、その歴史を記述することは本書のテーマの範囲外にある。それに、19世紀に編纂されようとした新しい労働倫理学の翻訳は目下進行中である。とはいえ、労働立法の頂点をなす二つの重要な文献にここで触れないわけにはいかない。すなわち、それぞれの労働にたいする態度を規定し、それぞれの国家観の一般的な枠組みのなかでその立場を明記しているボリシェヴィキ革命とファシズム革命の二つの憲章のことである。

一九一八年七月一〇日の憲法の第三条において、ボリシェヴィキ政府は「社会の寄生的諸階級を打ち破るために、万人にとっての義務労働が布告される」ことを確認し、第一八条では以下のように強調している。「ロシア・ソヴィエト社会主義共和国連邦は、共和国のすべての市民にとっての義務労働を布告し、働かざるもの食うべからず、の原則を宣言する」と。こうして労働は権利であることをやめ、法的な強制力をもつ義務となり、国家がその法律の遵守を要求した。こうして労働は、個人の側から見れば特殊な義務が対応する主観的公法の域に達している。現実にはこのような主張は、まったく観念的［platonica］なものであって、労働義務の遵守を市民に要求する国家の権利やそれを強制するための手段や機関の権利がどこまで拡張されるのかについて、いかなる範囲規定もないのである。ボリシェヴィキ国家のほかの法律は、私企業の存在を想定し、私企業の従業員の労働様態を規定している。

そこから次のようなことが推論される。ボリシェヴィキのロシアでも、労働は自由であること、国家は個々人に労働の義務を要求しないこと、国家は社会的企業での任務を各人にゆだねないこと、義務労働は文字どおりの国家の主観的な法律ではないことである。しかし働かない市民は兵役義務からはずされ、選挙権を剥奪され、権力の行使から排除される。一言でいえば、政治的権利の享受から排除されるが、それでいてこれらの政治的権利は、ソヴィエト共和国内の領土にいる外国人労働者には認められるわけである。もっとずっと重大な制限がある。ボリシェヴィキの法概念では、勤労人民とは「プロレタリア人民という幅広い表現で事務プロレタリアート、共和国および商業・農業・工業その他の私的企業や工場の従業員、同じプロレタリア人民のなかの武装した構成員でしかない兵士を含め、自分の労働で生活する都市と農村のプロレタリア人民」である（セルトリ著『ロシア憲法』、一九二八年、八七ページ）。

要するに、ソヴィエト共和国は、有名な定式に言われているように、労働者・農民・兵士の共和国であるが、この三つのカテゴリーには私企業および国家企業の従業員および家内労働をおこなう人たちも含まれている。これ以外のすべての人々は排除されている。政治権力の享受にあずかるのに必要かつ充分な資格をあたえる労働は、ごく狭い肉体労働的な意味で理解されている。革命的プロレタリアートが自分の心に描くことができるような労働観とは、一方で、権力の獲得を思想的に正当化しようと思えば、労働を人間の最高の尊厳にしたてあげなければならないし、他方で、同じように働く他の諸階級（知識人、雇用者、ブルジョア）を権力から絶対的に排除するのを正当化しようと思えば、労働観を純粋に肉体・筋肉労働に狭く限定しなければならない。これとはぎゃくに、ファシストの教説が定式化する労働観は、いましがた述べたような狭さからは免れている。

第15章　ファシズムにおける労働観

早くも一九二三年一月二四日、ボローニャのファシスト組合会議で次のような原則がうたわれた。

《一、労働は、社会的組織において完全かつ有用な市民権を正当に賦与する至高の理由を構成する。

《二、労働は、人間の物質的、道義的、精神的福利に寄与するものであればなんであれ、それを調和のとれた形で創造し、改善し、増大させることをめざす努力の結果として生まれるものである。

《三、上述の目的のために自らの活動をしかるべく利用ないし費やす人々は、例外なくすべて勤労者とみなすべきであり、したがって組合組織は、まずは適宜な細分化やさまざまな分類にしたがい、デマゴーグにもとづく社会的追放を許すことなく、勤労者をむかえ入れなければならない。

《四、国家――血族［stripe］の物質的ならびに精神的なすべての価値の優れた綜合として理解される――は諸個人、諸階層、諸階級の上にある。諸個人、諸階層、諸階級は、国家がその最高の発展を達成するために使う道具である》。

一九二七年四月二一日にファシスト政府によって公布された労働憲章は、これらの原則から着想を得ている。すなわち、「労働は、知的、技術的、手工的なあらゆる形態のもとで負うべき社会的義務である。この理由で、ひたすらこの理由でのみ、労働は国家によって後見される」。社会的義務であって、法的義務ではない。したがって、国家は、通常の生活において市民に特定の労働を課したり、市民にたいして働く義務の遵守を求めたりする権利を有していないことを暗に認めている。労働は、権利を与えるものではない。それは社会的義務であり、ひたすらそういうものとして国家の関心と後見とをうながしている。労働にたいして、国家は、階級国家としてでも、国家に組織された階級としてでもなく、諸階級の上に立つものとして、また諸階級がその統一を見いだす理想像として、私的福利と国家の潜勢力の発展とにかかわる統一的有機体とみなされて、国民生産にたいし上から監視する権利があると主張する。私的イニシアティブ（起業力）は認められるが、まるで個人が国家以前に存在し国家が承認し守るだけの権利を達成したかのような個人の生得の権利としてではなく、むしろ国益促進の有効かつ有益な道具として認められるに過ぎない。このため企業組織は、生産の問題では、国家にたいし責任を有している。私的イニシアティブがなかったり不足しているところでは、あるいは国家の利益がそれを要求するところでは、国家は、単なる監視から直接的管理にいたる形で介入する権利を有する。

アントニオ・ブルワー(注1)は、ファシストの労働憲章の基礎にある労働観が、王政派のカヴール(注2)やミンゲッティ(注3)、共和主義者のマッツィーニ(注4)やカッターネオ(注5)、ロマニョージ(注6)やジョベルティ(注7)など、イタリア・リソルジメント〔国家的統一運動〕のあらゆる傾向の思想家に共通する考え方であったことを明らかにした（『血族〔La Stirpe〕』ローマ、1928－29）。この考え方の基本的な特徴は、生活権、したがって各人の労働する権利、私的所有の正当な源泉としての労働と貯蓄、すべての人に開かれた可能性を取得する権利、「経済力の中の第一のもの」「富の最初の源泉」としての知能（ジョベルティ）、「労働、消費、蓄積を統括」する「何にもまして逞しくかつ余人に代えがたい力」（カッターネオ）であった。この考え方からマッツィーニは、成し遂げられた労働とその労働の価値に比例して、労働の成果を再分配する必要性を導き出した。「いつの日か、我々みなが労働者になるであろう。つまり、それがどのような類(たぐい)の労働であれ、すべての者が我々の労働の報酬で暮らすことになるだろう。生存は達成された労働を表象することになるであろう」と。

（注1）アントニオ・ブルワー〔Antonio Bruers 1880－1954〕イタリアの著述家、超心理学者。

（注2）カヴール［Camillo Paolo Filippo Giulio Benso, conte di Cavour 1810－1861］イタリアの政治家。サルデーニャ王国政府首班としてリソルジメント運動を指導、イタリア王国初代首相。
（注3）マルコ・ミンゲッティ［Marco Minghetti 1818－1886］イタリアの政治家。
（注4）ジュゼッペ・マッツィーニ［Giuseppe Mazzini 1805－1872］イタリア統一国家の誕生に役割を果たしたイタリアの政治家。西欧近代化のなかで共和制による民主政確立という思想で名高い。
（注5）カルロ・カッターネオ［Carlo Cattaneo 1801－1869］イタリアの愛国的政治家、著述家、連邦主義の思想を説いた。
（注6）ジャン・ロマニョージ［Gian Domenico Romagnosi 1761－1835］イタリアの法学者、哲学者。
（注7）ヴィンチェンツォ・ジョベルティ［Vincenzo Gioberti 1801－1852］イタリアの政治家、哲学者。サルデーニャ王国下院議会初代議長。

第16章　ラスキンおよびトルストイに見る労働観

ともに芸術家であり社会改革者で、言葉の古いが気高い意味で大詩人ともいえる十九世紀の二人の偉大な作家、ジョン・ラスキン(注1)とレオ・トルストイ(注2)が述べた労働にかんする理論については、その見方の独創性という点でも、経験や社会生活の領域にそれらの見方が及ぼした幅広い影響という点でも、別個に取り上げて論ずるに値するものである。両者ともに労働について、これまで私たちが検討してきた考え方とは著しく異なった考え方をもっており、この考え方は、労働観の歴史においてまったく正当な位置を彼ら二人に約束するものである。

ラスキンによれば、儲けのための儲けの追求、言い換えれば、儲けを享受するのでも使うのでもなく自己目的のためにひたすら儲けを追求することによって、近代経済は、人間の魂を枯渇させ、あらゆる理想にたいして人間の魂を無分別にし、世界の美しさをぼかし、人間の健康を台無しにし、人間をその同類たちから孤立させる。自己目的としての際限のない資本の再生産には、良いことは何もない。資本の本当の役目は有用で必要な物を再生産することである。だから儲けたお金を使うことは有用で健全なことである。富の唯一正当な源泉は個人の労働であり節約である。純然たる資本によって得られた利潤は、正当なことではなく略奪行為である。他人の労働のあらゆる搾取も不当で略奪的なものである。人間が自分の同僚の奉仕労働に、遺産として受け継いだ金を支払い、何もしないで生きることができるなどというのはばかげている。自分の生計は自分で負担すべきである。労働には、死んだ労働ではなく生きた労働（の対価）で報いられねばならない。ラスキンのこの考え方の基礎には、風車や水車の動力はともかく機械の助けをかりない手仕事こそ万人の義務だという考え方がある。労働の成果はまるごと働く者に属するのであって、他人の懐におさまってはならない。労働は報酬にあたいするが、報酬や儲けのために働くのでなく、社会奉仕のために働かねばならない。労働を商品とみなすべきではないし、需要と供給の法則にもとづいて労働に報いるべきではなく、むしろよく使われることによって正規に認められた公正さにもとづいて、つまり、働く者の威厳が守られ、その機能が適切に実現されるようなかたちで労働に報いるべきである。社会的位階制（ヒエラルキー）は自由に受け入れられた奉仕労働にしたがって打ち立てられねばならない。労働はすべての人間に保証されなければならない。すべての人間が働くことによって、すべての人間の労働はいっそう短くなるだろう。

　トルストイの労働観は神秘的なロシア農民テオドーロ・ベンダーレフの影響を受けている。ベンダーレフにとって額に汗してパンを手に入れることが神の掟である。数世紀のあいだ人間は、パンのための労働から逃れようと欲し、他人の労働で生きるための手段として奴隷制や貨幣を発明した。各々が自分の手労働で稼ぎ出したパンを食べる生活に立ち返ることにこそ救いがある。《たこだらけの手こそ人間を善良かつ独り立ちにする》と。

トルストイによれば、労働は徳（ヴィルトゥ）でも功（メリット）でもなく、滋養物そのものと同じような必要物である。このことを納得する者は自分のために他人を働かせたり他人の労働を盗用したりはしないだろう。労働が重荷だという間違った考え方から生まれるのが社会的搾取であり奴隷の身分である。それとは反対に、労働は、滋養物が労働にとってなくてはならない条件であるのと同じく、人間生活にとってなくてはならない条件である。自分の労働が他人にとってなくてはならないほど働く人間は、飢え死にすることなど心配することはない。というのは彼の労働を必要とする人たちは、彼にパンを与えるのを拒否することはないからだ。ましてやキリストの掟にしたがって出来るだけ多く働き出来るだけ少なく受け取るために生きる労働者は、パンにこと欠くことはないだろう。世界中に広まっている考えによれば、人間は他人が自分を養うように他人に要求する権利をもっているが、キリストの教えによれば、人間が養われるためには出来るだけ他人に奉仕しなければならない。だから、どんなに悪人であっても、自分のために働く人々をつねに養うものであり、働くために生きることしか求めることはないのだ。だが、その名に値する労働は、ひとり生活になくてはならない労働であり、生活にとって必須のつつましい必要が満たされる労働、すなわち肉体労働である。だれも肉体労働から免れて生きるべきではないし、だれもが自分のパンは自分で生産しなければならない。

ラスキンの理想は、自由な手職人の前資本主義的な社会の理想である。つまり、技術によって遂行される労働、規律と愛情にもとづく精神によってその生活に報いようとする理想である。だからその労働はしばしば休息や遊び心で中断されるが、そういう労働にこそ人間の魂は心の安らぎと喜びを見いだすというわけである。トルストイの理想は、農民と手職人の無政府的で未分化の社会の理想であって、自分たちの倹しい生活に必要な奉仕活動が手にたこができるほどの労働によって報いられる社会の理想である。双方にとって労働は、呼吸のように健全な人間にとって本質的な意義をもっている。そのような労働からは、ティタン的反逆（人間の可能性を抑圧するすべての権力に対する反抗）やディオニソス的な乱飲乱舞生活の要素は少しも生まれてはこない。労働は無限の務めではなく生理学的に必要な機能である。言い換えれば、不断の努力ではなく呼吸のように人間にとって是非とも必要な絶えざる穏やかな活動だ。その目標に近づけば近づくほど永遠に遠ざかる目標をめざした夢見心地の運動ではなく、安らかに羽を伸ばす事実そのものから心のうちに平穏と喜びと落ち着きとを生み出す静かなエネルギーである。このような特徴をもったラスキンとトルストイの労働観は、近代人のあいだでは一般的に有力な労働観とは異なっている。

近代人の労働観がどういうものであるのかについては、次の章でできるだけ筋のとおったまとまりのある形で説明することにしたい。その際私は、おびただしい数の著述家のなかに逐一それをなぞるような無駄な労苦は省きたいと思う。それらの著述家のなかには、明瞭さや力強さ、系統性や深さにおいて人により多少とも違いがあるわけで、労働観についてもいろいろな解説者や代弁者がいるからである。

（注1）ジョン・ラスキン［John Ruskin 1819－1900］イギリスの芸術評論家で社会批評家。作家、詩人、芸術家としても知られ、彼のエッセイはヴィクトリア朝、エドワード朝時代に大きな影響力をもった。

（注2）レフ・トルストイ［Leo Tolstoy, Count Lev Nikolayevich Tolstoy 1828－1910］『戦争と平和』、『アンナ・カレーニナ』などの傑作を生み出し、ドフトエスキーとともに一九世紀から二〇世紀にかけてのロシア最大の作家として広く認められている。同時に教育改革者、非暴力の平和主義者としても名高く、ガンジー、マーティン・ルーサー・キング・ジュニアなどに大きな思想的影響をあたえた。

第17章　労働観と近代の生命観

近代の労働観をその思想的投影とする精神状態に後押しされて、大地はその様相を一変させた。すべての大陸は、資本主義文明に糾合(きゅうごう)され、なおも手つかずの資源として巧みに利用された。数千の都市が打ち立てられ、古代の都市は土台から作り変えられた。農・工業生産は驚異的な成長を遂げ、貿易交通路はさらに強化された。世界人口は五倍にも増え、通信手段が未曾有の驚くべき発達を遂げたおかげで、時間と空間において人々はたがいにみごとな接近を見せた。文化と衛生は広く普及し、便利な生活必需品を個人ならびに集団が自由に享受する機会は計り知れないほど増大した。何世紀かまえまでは特権階級の贅沢品であった物品が安物とほとんど変わらない日用品となった。生き方や感じ方の共通のレベルはひじょうに高まり、都市と農村を仕切る壁はずっと低くなった。実に人間は、ついには奇跡的に統一化した地球市民ともなったのだ。今の時代にマルクスが生きていたならば、『共産党宣言』の最初のページでブルジョアジーの実績について述べた叙情的な賛辞を何一つ削除しなかったばかりか、新たに多くの賛辞を付け加えたに違いない。

この巨大で広く有益な事業は何に由来するのか。それは、今後けっして再現することのない数限りない歴史的状況が交差し合い、産業・技術上の絶えざる新たな発見が次々と生まれたところに由来するが、それだけではない。それはまたとりわけ、世界や生命についての新しい価値観が著しく生気にあふれるところに由来し、さらには労働についての新しい評価にも由来している。そしてこの労働についての評価のおかげで、歴史的状況は不毛におわることもなく、人間にはその状況を利用する用意が整えられたのである。新しい世界観および新しい生命観の中心に労働観があり、これが秘密の扉をひらく賞賛すべきみごとな《鍵》となった。

意識するとしないにかかわらず、人間は、産業活動をつうじて世界の物質を改造することになる当の工場での経験を、宇宙にまで押し広げ、宇宙的次元にまでその経験を投影する。産業は、人間の努力にたいして物質がもうける限界をずっと遠くまで押し広げ、この限界がまた押し返されては再起し、先行する勝利でさらに強さを増した人間の努力は新たに懸命になってさらにずっと遠くまでこの限界を押し返そうとし、こうした綱引きが際限なく繰り返される。産業活動にとって物質は、移動する不安定な限界であって、不断によみがえるが、ますます遠くへと限りなく押し返される運命にある。だから物質は、人間の努力を停止させようとする障害物であると同時に、それを支えに人間が世界を動かそうとする際の梃子の支点でもあるのだ。

近代の生命観は、この産業活動の設計図を形而上の部面に投影する。近代人にとって人間の精神は、本質的にいって、活動力（努力、意志、行動、実践）であり、その目的は、世界を受動的に映し出したり、世界についての思想的複写をつくったりすることではなく、それ自身を世界として（つまり、宇宙、事物と対象の法則にのっとった秩序として）組み立て、無定形の漠然とした多様性から、いいかえれば流動的で可塑（かそ）的なカオスから、新たな創造の世界を導き出すことである。この流動的で可塑的なカオスは、人間の精神がそれ自身の内部で出会うものであって、人間それ自体に由来するものではない。人間はそういうカオスの世界から完全に自由になることはけっしてできないが、その世界にたいして限りなく働きかけ、その内部で光り輝く思想的秩序をますます首尾よく形象することが可能である。

《知識》はこうして行動となる。真理の基準は「論理的矛盾が無いこと」であることをやめる、あるいは思想が外部の対象を忠実に似せたものであることをやめる。いいかえれば、人間の行動の成否、その行動の結果がしだいに蓄積されることこそ、真理の基準となったのである。不活発な物質の重荷をますます首尾よく克服する活動力、ますます完璧に自己実現をはかることを法則とする活動力こそ、近代人にとって《生》の真の本質である。そのさい物質の抵抗をすべて除去してしまうのではなく、その活動力の効果をいっそう高く深いところへ波及させるような、新たな飛躍のための踏み台として、この抵抗をときに利用することも大切である。世界は《生》に応じて構想され、《生》は行動に応じて構想される。思考は、古来の静止状態から抜け出し、行動と《生》の際限のない不安定な動揺性を分かち合い、行動と《生》がたがいに混じりあい、ひとつに一体化する傾向をますます強めるようになる。思考が行動と《生》からまだ区別されているうちは、思考には独自の領分としての地位はあたえられない。与えられるのはただ、すでに行われた行為、すでに為されてしまった行動、すでに起こってしまった変化、いいかえれば、行動の燃え殻であり、生命の炎の灰燼（かいじん）であり、一言でいえば《死》でしかないのだ。

燃えるような《生》と行動の営みのなかで、人間は来世をすっかり見失う。来世の存在を否定せずとも、その人間にとってほんとうに大事な唯一の世界は、彼が生き労働するこの世界である。中世やルネサンスの人間のうえに計り知れない重荷となってのしかかっていた時間の永遠性、空間の無限性は、消えてなくなるか、さもなければはるか遠い後景の中にかすんでいくかである。現代人にとっていちばん気にかかること、大事なこと、真に価値あることとは、時間と空間の描く無数のラインが交差しあう地点であり、その行動の火花が散るまさに《いま、ここ》なのだ。行動について明確な理論的意識をもっていなくとも、近代人は無限も永遠もない有限の世界に生きている。つまり、人間の活動力の成果が蓄積され雪玉をつくっていく限り存続をやめない世界に生きているのだ。従来の神秘の意味は、その実際的な解決を強くせきたてる悩ましい問題に道を譲るのである。

この生命観において労働はありとあらゆる義務と徳の総和としてたちあらわれる。他でもなく労働のなかにこそ、資本主義文明の人間はその高貴さと威厳とを見出すのである。「働け！」、これこそ彼にとってすべての行動の規範を徹底させる指針である。働くとは、現代人にとってもはや祖先の罪をつぐなうことでも、堕落させることしかできない外部の物質と関係を取り結ぶことでもない。活動力として、いいかえれば自由として、いよいよもって自己実現をはかることである。そして、この自由は、その目的に合わせて世界を形作り、物質から解放されて物質の凶暴な圧力を有効な支えにつくりかえるにつれてしだいに実現される、そういう自由なのだ。このような世界観にあって善は、活動力であり、悪は受身の姿勢、怠惰、働かず何もしないで過ごすことである。受動性からますます自由で、ますます純粋な活動力へ上昇することは、モラルの進歩にもつながる。活動力には、固定不動のものは何もない。それ自体の上で不断に成長する力であり、漸進的な段階をへながらしだいに無限へと接近してゆく力である。活動力は、達成された陣地を不断に乗り越え、実現された局面を絶えず超越し、獲得されたところに安住せずにますます上昇し、どのような限界も立ちはだかっていない絶対無限の活動力という理想にますます接近する限りにおいてはじめて活動力は成立するものである。真っ逆さまに転がり落ちる雪玉が雪崩を引き起こすのと同じように、しだいに活動力は前へと進み、それ自体で成長し、勝利と成功を糧としながら前進を遂げてゆく。理想の目標に到達したとき、人間は世界の支配者となり至高の権力となり神となる。この限界に導く道程が進歩なのだ。進歩という言葉は、心理的には含みのある意味をもっているとしても、人間の側からの世界支配の達成にしだいに接近してゆく場合の技術的な領域でしか、そういう進歩の意味をあらわさない。善は、活動力に先立って存在することはないから、活動力によってそれを実現しなければならない一種の静止状態でじっと動かない目標のようなものである。だから善は、活動力が自己を乗り越え自己を凌駕する運動そのものの中にあり、絶大な力の燃えるような精神の抑えがたい衝動にとっては、どのような陣地が達成されてもその陣地が狭く堅苦しい牢獄のように感じられるくらいの、無窮性（無限性）への熱狂的な動きの中にある。近代の生気は果てしない活動力という理想を実現しようとする。しかし、無限の活動力というのは、もはや克服すべき障害物がないことを意味するし、また、克服すべき障害物のない活動力はもはや活動力とはならないために、いいかえれば、それ自体に矛盾をかかえるために、実現不可能な理想なのである。とはいえ、無限の活動力は、無限の活動力という理想をめざす同じ際限のない流れのなかで実現されるものでもある。理想はたしかに精神の前で消え去ってゆくが、それはただ精神が理想にむかって疾駆するためである。

近代人が救済を求めてかいくぐる道は、もはや情熱にたいする支配ではない。いいかえれば、禁欲的な瞑想にふけることではないのだ。それは、しだいに外部の世界を改造し外部の世界を近代人の目的に服従させる労働である。それは、労働に先行し労働を可能にした無限の労働が溶解して資本化されてよみがえる労働であり、その労働は、それなくしては労働が存在しなかったであろう要素として明日の労働のなかで生まれ変わる労働である。それは、働く者から離れ、働く者よりも生きながらえ、一種の地上の不滅性をもたらす労働である。労働の神聖さの影響は富にも及び、富を神聖化する。ひたすら副次的な意味でいえば、富は消費に、すなわち（ギリシャ世界で言うような）喜びに仕えるが、本質的には、新しい富を創造するのに、いいかえれば、新しい労働、新しい活動力を創造するのに仕えるものである。近代人にとって、富を追求することは、喜びを追求するのとはまったく別である。近代人は、富の中につねに新しい活動力を生み出す条件しか追求しないからである。経済が近代世界の中心にあるのはこのためである。

前資本主義的文明においては、前もって知られ計算された需要によって生産は決定された。そこでは消費のために、もっぱら消費のためにのみ生産はおこなわれていた。現代文明においては、販路を求めて、生産は需要に先駆けてすすめられ、需要を生み出し、需要を命令操作し、需要をかき立て、需要を際限なく排出する。つねにより多く消費することは国民の進歩の指標であり、国民の需要のあらわれであり、したがって、その生産の、つまりは漸進的に大きくなる活動力の兆候である。近代世界の真の英雄は、明け方から日没まで休みなく労働にいそしむ偉大な富の創造者であり、大企業家、大実業家である。彼らは、ますます速度をあげて自己の周りで富を生産するが、それはひたすら利己的に富を享受するためではなく、富が恵みの雨のように世界中にどっと広がり、世界のいたるところにつねに新しい富と労働と活動力と《生》とを生み出すようにするためである。しかも彼らは、彼らが生産する富を所有する者たちよりも、もっと多く、もっと上手に富を生み出すのだ。彼らは熱心で聡明な管理者、経営者であり、生産された富を理由にかくも嫌われ妬まれるのであるが、生産された富を享受する量は、彼らよりも地味で控えめな従属者（サバルタン）が享受する、そのすばらしい労働熱意によって使われることなく倹約された富の量よりも、ずっと少ないのである。

すべての偉大な文明と同じく、資本主義的な労働の文明はファウスト[注1]という伝説上の英雄をもっている。ファウストはいたるところで幸福を探し求めたが、年老いてからいつしか新たな民が肥沃な土地で暮らすことになるであろう沼地の干拓のために働き、そのときにはじめて幸福を発見した。この労働から生まれ出る未来に思いをはせるとき、ファウストは至福のひとときを楽しんだが、その幸せが消える瞬間、彼は叫んだ。「止まれ、おまえはかくも美しい」と。ファウストは死に、メフィストフェレスはファウストの魂を奪おうとする。ファウストは賭けに負ける。あの瞬間、ファウストが味わった喜びは、未来の喜びであって現在の喜びではなかったからだ。労働の文明は、当然のことながら、人間をその造り主とし創造者とする未来に向けて開かれたものである。労働の尊厳が作り出すものは、必ずしも空しく儚い結果なのではない。労働にとって魂は、けっして止まることなく、つねに上昇し、いよいよ高く遠くへと飛翔する運動それ自体の中に、平穏と静けさとを見出すものである。もし《耐えて物欲を断つ》ことがギリシャ文明の標語であるとすれば、《働くこと》こそ、資本主義文明、労働の文明のスローガンである。

（注1）ファウスト［Faust あるいは Faustus］は《知識》と引きかえに悪魔と取り引きしたというドイツの古典的伝説の主人公。マーロー、ゲーテ、トーマス・マンなどの作家やベルリオーズ、リスト、グノー、マーラーなどの作曲家がファウストを題材に作品を創作した。ファウストの言葉と名前の意味は時代とともに様ざまな解釈を生んできたが、今日では、自己実現への飽くなき欲望のゆえに悪魔的方向へ導かれる人間を描くさいに使われることが多い。

第18章　労働信仰の危機

さて、私の思い違いでなければ、そして時が流れる今のつかの間の現象を時代の兆候だと取り違えているのでなければ、この大きな新しい信仰は今や枯渇し衰退しつつある兆し、あるいは少なくとも重大な危機の兆候をあらわしている。そして、途方もなく重大なことであるが、まさに昨日までこの労働信仰の聖地であった国、アメリカ合衆国において、この信仰の唱道者および信奉者であり同時にアメリカの実業家であり企業家であった人々の手で、この労働信仰が、逆説的だが不可避的な結果としてそれ自身のなかから、休息と愉悦とはまったく正反対の信仰を徐々に生み出している、ということである。

他の歴史的な力と結合して、労働信仰は、大産業を排出した。この大産業は、販路を求める商品の絶えず膨れ上がる雪崩のような現象を市場に引き起こす。大産業にとって、市場の要請にもとづいて商品の需要を生み出し、大産業が生産するますます大きな財の消費に最も有利な条件を作り出すことがどうしても必要になってくる。ここから何が生まれるのか。それは、分割払いであり、高賃金であり、短時間労働であり、消費や場合によっては浪費さえ含めたあらゆる種類の刺激であり、産業が効率性を高めながら十二分に機能するためになくてはならないすべての条件である。こうして、労働信仰の祖国自体において、ひじょうに新しい消費と享楽の信仰がつくりだされつつある。すなわち、安楽、幸福感、快適さ、清潔さの信仰であり、「身体の宗教」である（そして私の考えでは、この三つの単語 religione del Corpo「身体の宗教」は文字どおりに理解されてさしつかえあるまい）。この身体の宗教がいま、労働信仰によって引き起こされた労働の意志の重い緊張をゆるめようとし、この信仰によって組み立てられ膨張させられた心理的なバネをちぎってしまおうとする勢いにある。

そしてこの現象は普遍的である。若い世代、戦後〔第一次大戦後〕の世代が、彼らの父親の心を燃え立たせた労働熱にもはや身を焦がすことはないと嘆く声が聞かれるのも、どこにでも見られる普遍的な現象だ。もしそうなら、つまりこの現象が続き強まることがあるなら、現代文明の土台そのものが揺らぐことになる。この働く意志の緩みの影響を指導的なエリートたちは受けることがないとも言えない。エリートはこれから重要な役割を担う存在である。創造という労働の喜びを味わう機会に恵まれるのは、労働大衆ではなく、ひとりエリートたちであるからだ。アメリカの観察者が一致して指摘するところによれば、アメリカの資本家は、海外の国家や企業への利子付き融資のようなリスクのない儲けにつながる投資を好ましいと考えているとのことである。となるとアメリカのエリート自身のあいだの企業精神は、資本主義的精神、労働の信仰とは真っ向から対立する高利貸し的精神に屈服しつつあることになる。

しかし、これについては、多分偶発的な歴史的現象であって、歴史そのものがおそらくその対策をみつけだすであろう一時の災厄だと考えて、あまり気にかけないことにしよう。たとえばイタリアではどうかといえば、同じ現象が生まれ始め、息つく暇なく働けと居丈高にしょっちゅう説きまくる言葉と行為の中に、最高当局者たちはもっとも精力的な救済策があるのだと考えているふしがある。イタリアでは、経済的有機組織（オルガニスモ）がもっとも脆弱（ぜいじゃく）なためにことの重大性はつのるばかりで、もっとも速やかな救済策が必要になったが、わが国よりも経済的に強力な国々においても、このような災厄をふせぐためには、おそらくは遅滞なく、自然の中から立て直しをはかる力を呼び寄せることが必要になるだろう。ここではむしろ、この現象の根源について可能なかぎり考えてみたい。

どのように重要な精神的有機組織（オルガニスモ）も、他のすべての有機組織と同じように、生きるという事実そのもののゆえに消耗するし、自分を運動の中に置いて維持する事実そのもののゆえに変化する考え方や感情、嗜好や嫌悪、忘却や愛情などのきわめて繊細なバランスのうえに、労働信仰は成り立っている。労働のための労働の宗教のなかに、人類が平和と平穏と喜びとを見出してきたことは疑いない。整然とした規律正しい専門労働は、まとまりのない魂の力をしっかりと束ね、呵責（かしゃく）や苦悩や心配を鎮（しず）め、その源が喜びであるゆえに持続しようとする強力なリズムを、魂のなかにつくりだす。

富を楽しむ時間もないし富を楽しもうとも思わないで富をひたすら蓄積することによって、朝から晩まで息つく暇のない労働ですっかり消耗してしまう企業家や実業家をあざ笑うのは容易なことだ。また、精神性に欠けているといって彼らを批判するのも簡単なことだ。しかしながら、自分の周りに豊かな《生》を生み出すのも彼らだし、ときには創造者としての神聖な喜びを、そしてつねに、あるいはほとんどつねに、規則正しい精気による新鮮で深い心の落ち着きを味わうのも彼らである。それに、テバイデ[注1]の苦行者ほどにも企業家を霊的なものと考えようとしない所有者（パトロン）はいるかもしれない。テバイデの苦行者は、夜には悪夢のような癒されない思いに襲われ、日中は藁のマットを編み、沢山のマットをこしらえては、石ころとサソリしかいない砂漠に売る客とていないものだから、つくったマットは燃やしてしまわなければならないわけだが、そのようにして毎日をすごすうんざりするほど単調で変化のない生活に、気力もすっかり奪われてしまうからである。

しかしながら、この精神状態は、奇妙に不安定で落ち着かない力のバランスのうえに成り立っていることも、隠しておくべきではない。事実、労働は、一方では、はじめのうちは私たちに抵抗し、後に私たちの労働への衝動で衰えてくる何がしかのものを、私たちの外側で、強く求めている。労働の喜びは、私たちの活動力が外部世界の抵抗に打ち勝ったときに感じる喜びである。だから、私たちの外には、私たちに抵抗はするものの、少しずつ私たちの意志に従わせてしまわなければならない何かがあるにちがいないのだ。労働の喜びは、最初は私たちの意志にしつこく背を向けて邪魔者のように立ちはだかっていたものが、結局は私たちに征服されてしまうときに感じる喜びである。だから、服従させるべき何かに私たちが関心を失わず、そこにしっかりと情熱をかたむけることが、どうしても必要になってくる。こうした見方にたてば、労働によって私たちは外部世界への依存関係におかれている、つまり、外部世界に依存することを余儀なくされていることを認めないわけにはいかない。だからこそ、労働者が自分の労働の果実が消えてなくなるのを見て、深い苦悩を味わうことにもなるし、また、労働者が好きな労働に夢中になり、そのために自分が生まれた当の労働に専念することが人や周囲の状況によって妨げられてしまうときに、さらにもっと痛ましい苦悩を感じることにもなるのである。人間を外部世界と結びつける、いいかえれば《私》を《私でないもの》と結びつけることによって、労働は、《私でないもの》が《私》に割って入って《私》を痛めつける場所を増やしたり、失敗の、いいかえれば苦痛の可能性をそれだけ増やすのである。

他方で、征服する力の感覚を自分の内部につくりだし、支配者としての人格の酸っぱい喜びを自分の内部に生み出すことによって、労働は、ひとり自分自身の内部にあらゆる満足とあらゆる喜びの源泉を人間は有していると考えさせる傾向をもっている。このようにして自分自身で感じる人格にとっては、労働の成果、その勝利の果実にたいして無関心になるきらいがある。だから唯一重要なことは、この果実を刈り取り、この成果を達成することができたときの喜びのように見える。勝利をものにする根気強い労働から自給自足の人格が生まれれば生まれるほど、この人格は、少なくとも、自分自身の中に、ひとり自分自身の中にのみ、またひたすら自分の力と自分の能力という意味で、自分の誇りと自分の幸せの源泉を見出す傾向をますます強めることになるのである。そのとき重要なことは、精神だけが苦悩を噛みしめる未達成感や失望感や不成功感をおぼえた時のあの労働ではない、ということである。それは労働一般であり、どんな労働も、概して働くという行為そのものであり、闘って勝つという行為そのものなのである。だから労働は、少しずつスポーツや遊びなど、競技者のポジションよりも競技者の技能がものをいうゲームに姿を変える傾向をもっている。けれども、そのような活動力は、遊びやスポーツとのあいだに何らかの一線が画されてしまうと、もともと精神の地層に深く根をはっていないので、少し強い風がふくと見る見るうちに根こそぎにされてしまう若木のような弱さももっているのである。

働く必要性そのものの支配者的な性質の意味を悟った人にとって、働く必要性は、一種の奴隷労働か、どうしても断ち切らねばならない鎖のような宿命を宿しているもののように見える。そこでその人間の心は別の必要性に期待をつなぎ、別の理想へと向かい、別の夢に向かって飛躍しようとする。このような魂にとって神聖な労働熱は、魂の外にあるものに魂を従わせ、魂の精気が疲弊し干上がってしまう窮屈で息詰まるような牢獄のなかで魂を締めつける過酷な鎖のように見える。魂は自分自身のなかに、自分の自由な営みのなかに、調和のとれた自分の内部のリズムのなかに、楽しみを見出そうとする。もし魂がまだ行動する必要を強く感じているとすれば、魂がそれをつうじて自己実現をはかろうと夢見る活動力は、魂を世界に隷属させるのでなく、芸術・遊戯・奢侈という魂の自由がそのなかで光り輝く活動力であるはずである。

私の思い違いだろうか？　現代社会はその一般的な運動として、こうした地点の方へと引きつけられているように私には思える。この上なく近代的な時代が一つの名前で呼ぶに値するとすれば、おそらくそれはスポーツの時代ではないだろうか？　けっして眠ることのない人間の魂の地平に、新たな星座群が昇る。現代文明の歴史上計り知れない意義をもつ革命のように。

（注1）テバイデ［Tebaide］古代エジプトの南部の地名。アヴュドスからアスワンに存在した地域。五世紀には、多くのキリスト教の隠修士が集まり、祈り、瞑想したと言われ、一般社会とは隔絶された場所をさす。

第19章　労働の文明における労働者の精神的傾向

私たちはこれまで、全体として労働観および生命観の目立って明るい特徴を拾い集めてきた。しかしその闇の部分も恐るべきものであり、その欠陥たるやとてつもなく大きいのである。

闇の部分のなかでも最も暗い部分は、資本主義文明によって排出された無数の人間の存在である。いいかえれば、ありとあらゆる義務の総和とありとあらゆるよろこびの果汁を労働のなかに包摂したこの文明から排出されながら、精神的な内面の光をなにひとつ放つことのない労働を運命づけられた、数限りない人間群の存在のことである。不思議なことに、たとえそれが避けられない文明の落とし子であるにしろ、じっとして動かず物言わぬ事物の世界にたいする人間精神の支配をますます自慢げにたたえる当の労働の文明が、つねに同じ手振り身振りの、つねに同じ動きの機械的反復を目的とする自然物としての単調な存在に甘んじることを、大部分の人間に余儀なくさせてきたのである。農民は家畜の飼育と交互に農作業にいそしみ、一つの耕作が済めば次の耕作へと移り、植物や家畜をさまざまな病気から守り、厳しい生存闘争においで植物や家畜を効果的に保護するために植物や家畜の《生》の営みを近くで観察せざるをえない。そして四季と気象現象のリズムをよく調べ、その研究にもとづいて活動を調整せざるをえない。職人は、その専門的活動にすべてを打ち込み、それなりに熟練を積んだ生産者として、その創造的精神を際立たせる光の輝きを彼の製品のなかに注ぎ込むのが労働だと考えている。そして、その製品のすばらしいできばえにとくと満足し、自分の労働のなかに、活動的エネルギーの総和を、つまりは平の事務員よりも無限に大きな創造的精神の賜物を、見いだそうとするものである。平の事務員のほうは、日に四度、自宅からオフィスへ、オフィスから自宅への道のりを単調に行き来し、オフィスではいつもお決まりの文句をこれまた単調に記帳するのであるが、この点については、工場労働者の場合はさらにもっと単調で、長時間にわたり音の鳴り響く工場の中で、機械のかたわらに立ち、つねに同じサイクルの単純かつ個性も特徴もない機械的動作をくりかえすだけなのである。

とりわけ工場労働者にとって、この問題は由々しい重大性を含んでいる。機械と、機械とは切ってもきれない分業とは、工場労働者の労働を機械化し脱個性化し没個性化してきた。今では創造性はすべて、機械および機械の発明者のものである。工場労働者はまるで機械の奴隷、機械の下僕におとしめられている。あらゆる創造的精神を失ってしまうと、その活動はつねに同じ動作、つねに同じ動きの周期的反復となり、創造的努力は鈍い習慣と化し、習慣は単なるからくり装置になってしまう。工場労働者は精神の王国から排除され、自然という無言の王国へと追いやられてしまった。だから、むかし鎖でつながれた漕ぎ手がガレー船を漕ぐさいに感じたのとほとんど同じ思いで、工場労働者が工場のことを考えたとしても、さして驚くにはあたらない。むかしのガレー船奴隷は鎖でつながれていた漕ぎ台から一歩たりとも離れることができなかったわけだから、それに比べれば今の工場労働者は、ガレー船奴隷よりも恵まれている。それに、現代のガレー船奴隷とでもいうべき工場労働者は、むかしとは違って、毎日数時間は自由の身になれるからだ。仕事の空いた時間に栄養を取り、生殖し、日常生活の耐え難い単調さとひきかえに麻薬のような解毒剤を最も低俗な享楽のうちに求めるが、それでも翌日の明け方には、自宅から工場へと彼を連れ戻す目に見えない力強い鎖に引っ張られるがまま素直に身をまかせるのである。

近代精神に労働の文明が課したこれ以上重大な問題はないし、近代精神がその解決をはかろうとこれ以上熱心に追求している問題はない。人間を日常の労働の過酷な束縛から解放するために、アリストテレスは、八弦琴の爪がひとりでに音を奏で糸巻きがひとりでに布を織るような時代を期待した(注1)。ところがそんな時代がやってくるとは、アリストテレスはついぞ思っていなかった。歴史の発展は、スタゲイラ〔古代マケドニアのアリストテレスの生地〕の哲学者の考えを裏切ったが、そういう時代はやってきたのだ。糸巻きがひとりでに布を紡いだが、そのために人間は、糸巻きの奴隷になってしまった。つまり、奴隷が古代の織り機にむかって主人のために夜明けから日没まで布を紡がざるをえなかったことにくらべれば、もっと厳密に機械化された糸巻きに、人間は縛りつけられてしまったのである。そして資本主義文明が波乱にみちた進路をすすめばすすむほど、この文明が課する問題はいよいよ恐ろしいほどに切迫した問題となる。実は——カール・マルクスが徹底的に洞察したように——資本主義文明の本質は、腕力にたいして知力が、手にたいして脳が、実行的労働にたいして指導的労働が優越したところにある。そして資本主義文明が進みその徹底した本質的な原理を実現すればするほど、今述べた二つの要素の溝はますます深まり、指導的労働が実行労働にたいしてますます優越するようになり、新たな別の生活次元で、もっと高い次元の法則に支配されたより上級の世界で、この指導的労働がますます展開されるようになる。中世の同業組合（ギルド）の徒弟と親方、初期マニュファクチュア時代の労働者と雇い主との隔たりは小さく、個人の才能や仕事ぶりや節約精神や運などによってその隔たりは容易に乗り越えることはできた。こんにちでは、まるで王様が自分の国家を指揮するように巨大な事業ネットワークを自分のオフィスから指揮指導する大産業資本家と、自分の動きを監視する機械に縛りつけられた労働者とのあいだには、途方もなく大きな隔たりが横たわっており、ごくまれにしか生まれない時間の隙間をぬって、この隔たりを乗り越えることに成功するのは、特に選ばれた運のよい者でしかないのである。大資本家にとっていっさいの労働の喜びは、不断に超克をくりかえす《生の飛躍（エラン・ヴィタール）》であり、達成された瞬間ごとに《生》の不断の超越がある。大資本家にとって天賦の才という創造性への陶酔はますます大きくなっていくが、工場労働者にとっては純粋な植物生活のアトニー〔弛緩症〕と無関心とがますますつのっていくばかりである。喜びという労働への賛歌は大資本家にとってしか意味をもちえない。工場労働者にとっては、運命づけられた痛ましいほどに道具的な《生》にたいする苦々しい冷笑だけが鳴り響くだけだろう。そして、予言者によれば、労働の文明が徹底的に発展を遂げた先では、幾百万の奴隷が労働を運命づけられ、その労働の指導的次元については何一つ関知せず、少数のエリートだけが社会生活にとってのますます多くの必要労働の負担から解放されるという、そういう古代奴隷国家の再生に導かれることになるだろう。労働の文明が現在たどっている道の奥には、歴史の不思議な皮肉であるが、精神的価値としての労働の全面的拒絶があるかもしれないのだ。

問題の重大性と緊急性を否定することなく、上に述べたような考察は一方的であるために誤りを犯すことになることも考えるべきだろう。こうした考察は影の部分を積み重ねるだけで、全体の構成要素でもある光の部分を考えに入れていないからだ。古いマニュファクチュアは、近代の工場が求めるような努力よりも、もっとずっと個人的な努力を働き手に求めたが、最も低く屈辱的な労働から労働者を解放しなかったし、奴隷と労働者の距離を縮小はしたが、撤廃してしまうことはなかった。近代の大工場では労働者の労働は最高に没個人化されているのは事実だが、機械が労働者を最も過酷で屈辱的な労苦からほとんど全面的に解放したのもたしかである。重労働にたずさわる人間は、今では例外であって、かつてのような決まりごとではなくなっている。さらに、テーラー方式の応用によって、働き手の労働が没個人化されるにつれて、働き手の個性もしだいになくなり、あらゆる職種の見習い期間はいっそう短縮され、労働者のある職種から別の職種への異動はより簡単になり、一つの職種から別の職種への交替もよりやさしくなっている。たとえ近代工場での労働者の労働を奴隷とみなすとしても、ある種の奴隷労働を別の種類の奴隷労働と差し替えることは、解放の最初の始まりである。そして近代の大産業においては、作業の種類がひじょうに多様化したので、どんな知能、どんな腕前の労働者も仕事を見つけることができる。しかも近代的大工場の状態によって労働者に課される動きや仕草の機械化それ自体は、利点がないわけではない。機械化はたしかに、労働者を機械の従順な奴隷にはするが、職人階級の柔軟な規律が職人のなかに存続させたような無秩序な習慣を持続させたり、それに逆戻りしたりするのを不可能にする。機械は、労働者に一瞬の気の緩みもあたえずに、規律、自己管理、節制を強いる。機械は、労働者をして自分の個人的労働が大工場のリズムに合っていると感じるように習慣づけることによって、労働者のなかに組織と連帯の感情を発展させ、責任と指揮命令に労働者を慣れさせる。こうして機械は、労働者のなかに、少なくともより高度の精神性の土台をつくりだす。そして、生まれながらにして奴隷になってしまった労働者に、そんなふうにして生まれるという精神性を工場でも家でもつくりだすことは許されないのだと異議をさしはさむ人にたいして、陰とともに光を見るのをいやがるべきではないと答えることにしよう。むかしのマニュファクチュアではたしかに、労働者と雇い主との隔たりは実に小さいものだったし、労働者が自己解放をとげたり自分自身が雇い主になったりするのは容易であった。このことは否定できないが、この古い経済システムにおいても、雇い主はそう思われていたほどには労働者よりも高い地位にあったわけではないこともあきらかである。労働に関していえば、要するに工場労働者は労働者のなかの労働者、同輩の中でも首位にある［primus inter pares］労働者なのであった。近代の企業の状態は、工場労働者が自己解放をとげ雇い主になるのはほとんど不可能にしているのはそのとおりだが、工場内のヒエラルキーにもとづくランクが増えているため、昇進しようと思えばその労働者の活動にはひじょうに幅広い余地がのこされる。しかも、近代の大企業には、言葉の古い意味での雇い主はもはやいない。近代の経済と法の発展は、社会的な指導の機能を備えた、企業経営者や指導者へと雇い主の立場を変える方向にあり、雇い主は一介の労働者を超える立場に立っているとしても、その機能もまた、労働である限りは雇い主と労働者の立場は接近することになる。要するに、今日の事態の流れは、一方で労働者と使用者の隔たりが大きくなるとしても、他方ではその距離はいちじるしく縮小するような具合になっている。ヘンリー・フォード(注2)のような人間は、指導的な頭脳という点では、マニュファクチュア時代の旧式の使用者よりも彼の従業員たちとの隔たりははるかに大きいが、労働者の眼から見れば、使用者としてのその突出したイメージはもはやむかしの雇い主ではなく、経営者、支配人であり、彼もまた労働者と同じように働く者(ラボラトーレ)であるという意味で、従業員たちにより近い存在になっている。

もう一つ決定的に重要な考察を忘れてはなるまい。すなわち、資本主義的文明の進展は、一方では労働者を一つの機械にしたてる傾向を強めながらも、他方では、労働時間の短縮、頻繁な休日の導入、高賃金、労働者への簡易貸付、消費刺激策などによって、帰宅した労働者がそれ以前の文明社会では考えられなかったようなかたちで精神生活や教養を共有するのをますます容易にしている。資本主義文明の発展は、労働者を従業員の地位に高める一方で、工場での生活と家での生活とをはっきりと区別する傾向をしめしている。工場で労働者は歯車のなかの一歯車となって働くが、家では一家の大黒柱として、かつての文明社会では考えられないような規模で最も初歩的な生活必需品を満たしてしまえば、あとは自分の希望にしたがい、文化生活をはじめたり精神的な喜びを分かち合ったりすることができる。工場労働の機械化それ自体に、勤務時間後により自由な精神生活を自分自身に取り戻すという利点がないわけではないし、また勤務時間においてさえ、労働者が自由にものを考えたり、反省したり、自分の好きなことを想像したりする余地をのこすからである。このようにして、最も発達した資本主義文明の環境そのもののなかで、従来の貴重な成果をそのまま保存しながら、産業プロレタリアートが現代文明に要求するメカニズムと精神性との、必然と自由との融和を実現することができるのである。

別の解決策も提唱されている。労働に可能な限り高い格付けを与えることで労働者が働くことを好きになるようにすることである。つまり、芸術家が芸術作品に期待するのと同じ創造の喜びをもって労働がおこなわれるようにすることであるが、この解決策は歴史の生きた流れに逆らうことにもなる。その解決策は才気あふれる労働者をして労働に傾注させるが、それによってかえって、狭い労働の限界を超えて労働者が自由に飛び回ることを不可能にしてしまう。これを提言する人たちは、近代の労働者を職人の状態に引き戻したいというわけであり、職人が自分の労働に期待して実現することができる多くの創造的精神を労働者が実現すればそれで満足なのだ。けれども、精神の利点は、六時間から七時間のあいだ労働者を機械のようにしてしまったあとで、その労働者が帰宅してから、彼の希望にしたがってあらゆる形の精神生活に関与する、自由な人間の中の人間に復元させるような経済システムのほうが、いつも同じ手作りの製品の仕上げにその労働者の全精神性を封じ込め、そこに労働者をすべて吸収してしまう職人制度のようなシステムよりも、ずっと有効に役立つのである。なるほど、大工場の労働者は、つまるところ、工場から外に出てはじめてその労働者に与えられるより高度でふさわしい生活に接近するために支払うべき苦痛と倦怠の代価のように、できるだけ節約すべき疲労として、労働をとらえている。しかし、靴職人、鉢壷づくり職人、仕立て屋、指物師などのような職人がより個人的であっても自分の労働——その労働もまた結局永遠につづく同一労働の繰り返しであるが——の中に、非常に息の長い創造の喜びを見いだすと考えるのはむずかしい。他方で、近代の大企業だけが、職人的な経済システムにおいてであれば徹夜作業でほとんどすっかり使い果たしてしまうような労働時間をあまり長すぎないように短縮することが可能である。もちろんこれらのことは、一般的なかたちで述べているわけであって、現代経済の大海に存続する職人身分の孤島の中でも、労働はまさにあの理論家たち[注3]によって示唆されたような形で精神的な意味が与えられうるということ、いいかえれば、労働をますます高く格付けし、それなりに熟練した労働を職人の生活と文化の中心にすえることによってそれは可能であることを、けっして否定しようとするものではない。

（注1）この文章は本書第一章「ギリシャ・ローマ文明における労働観」のなかの以下の記述に照応している。「要するに労働は、ギリシャ人にとって、アリストテレスが皮肉にも書いているように、『糸巻きがひとりでに動いたり爪がチュトラをひとりでに音を奏でる』までは、少なくとも避けられない不運なのである。」（本書九ページ）。

（注2）ヘンリー・フォード〔Henry Ford 1863－1947〕フォード自動車会社の創業者。大量生産のために近代的な組み立てラインを導入、T型自動車の開発によってアメリカ合衆国の運輸産業に革命的変革をもたらした。

（注3）この「理論家たち」とは19世紀イギリスの美術工芸運動を主唱したウイリアム・モリス〔William Morris 1834－1896〕などをさすものと考えられる。モリスはイギリスの詩人であり家具・服飾デザイナーで多方面で精力的に活動し、それぞれの分野で大きな業績をあげモダンデザインの源流となった。イギリスでは産業革命の結果工場で大量生産された商品があふれるようになった反面、かつての職人はプロレタリアートになり、労働の喜びや手仕事の美しさも失われてしまった。モリスはプロレタリアートを解放し、生活を芸術化するために、根本的に社会を変えることが不可欠だと考え、マルクス主義を熱烈に信奉、エリノア・マルクス（カール・マルクスの娘）らとともに社会主義的組織の結成にも参加した。

第20章　労働と文化

さいきん刊行された著書『ファシズムと文化』（ミラノ、Treves、1928）に収められた「労働と文化」と題する講義のなかで、ジョヴァンニ・ジェンティーレ[注1]教授は、文化と労働には根本的に相容れないところがあることを立証しようとしている。そのさい労働とは、肉体労働を、より一般的には富と経済的価値を創造する労働を意味するとしている。

ジェンティーレが労働と文化の間には深刻な違いがあるという理由は、本質的に二つある。ジェンティーレによれば、労働は自然と向き合い、自然を人間の欲求を満たすための道具にすることによって、富を、物の価値を創造する。だから欲求がなければ価値はなくなる。人間が食べたり着たりする欲求ないしは意志をもたなければ、食べ物や衣服はもはや経済的価値をもつことはないだろう。だから経済的価値はつねに相対的であり、それ自体として価値にたいし、また価値が組み込まれている物理的事物にたいし外的関係にある目的のための手段である。したがって経済的価値は反射的で相対的である。そしてこのようにして価値を生み出すのが労働である。これとは反対に、文化は真の絶対的価値である。というのは、文化はその目的を自己の外にではなく、自己の内にもっているからである。芸術、科学、哲学、信仰は、私たちの生活を構成し、意識の中に深く根をもつ本質的で内在的な欲求にこたえるものであるがゆえに、真の絶対的価値なのである。文化はそれ自体が目的であって、目的のための手段ではない。だから有用性はなく、少しも役立つものではないが、それが有用であるのは、目的の外に設定された目的のための手段として役立つからにほかならない。

労働と文化の違いの第二の性格は以下の点にある。すなわち、労働はパン、石炭、衣服など一定の物質的、物理的な《物》の中に組み込まれる、つまり、自然を生産物に加工するが、その一方で自然の中に蓄積されて自然に同化する。それにたいし文化は、あらゆる自然への従属、あらゆる時間的および空間的な束縛から人間を解放する。だから、時間と空間の外部の影響に左右される経済的な財は、合計されたり、増やされたり、分配されたり、財を持っていた人から持っていなかった人へ譲り渡されるかもしれない量を構成するが、文化の財は、その財を他人と分かち合っても、その財を失うことはないし、どちらかといえばむしろ、自分で財の楽しみを確認したり増やしたり、いいかえれば、その財を共有しながらその財を増やしていけるという、特殊な性格をもっている。

結論的にいえば、労働と文化の対立関係は深い、ということになる。たしかに、労働がなければ、また、労働によって人間が自由に利用できる物質的財がなければ、もはや必要によって圧迫されたり、また、経済的心配事によって悩まされたりしない、自由で無私の生活は不可能であろうが、精神がその無窮性を実現し達成するのは、労働においてではなく、むしろ文化においてである。

以上がジェンティーレの考え方であるが、やや深く分析してみると、こうした議論は成り立たないことがわかる。なによりもまず、労働と文化の違いが相対的なものと絶対的なものとの相違であるなどというのは、まったく事実に反しているからだ。芸術、科学、哲学は、それ自身のためでなく、それら芸術、科学、哲学が成り立っているところの精神的行為と無関係な目的のための手段として深められたり鍛えられたりすることは、まったく可能である。いいかえれば、芸術、科学、哲学が、金を稼いだり、名誉ある教壇や学術的な権威を獲得したり、もちろん、美しい女性をしとめたりするからといって、芸術、科学、哲学でなくなるわけではない。それとは反対に、ただ単に実業家や商人や銀行家の労働だけでなく、農民や職人の地味な肉体労働も、目的のための手段としてではなく、自分自身のために、これをきわめて有効に行使することは可能なのだ。いいかえれば、宗教的な満ち足りた精神でおこなわれる規制され規律に縛られた労働から解放されて、心の平穏と安らぎのためにおこなう労働も可能なのである。

それ自体が手段であり目的であるような手段や目的は存在しない。人間［spirito］がその手段や目的を作り出すわけだから、すべてが手段であり目的でありうる。目的や手段は、それ自体のあるべき性質として、本質的で、内在的で、本質構成的である必要はないのである。実生活から全面的かつ決定的に切り離された人間［spirito］の立場に立ってみれば、パンやワインや石炭や衣服ばかりでなく芸術や科学や哲学も、しだいに色が褪せてゆき、いかなる重要性も切実性もなくなってくる。だから一刻を争って調査したり、気がかりで胸をどきどきさせるまでもないことなのである。

労働が具現化される《事物》は物質で出来ているから分割可能であるが、それにひきかえ文化的価値は非物質的だから分割不可能だという、労働と文化のもう一つの違いの説明も、前述と同じく分析にたえうるものとはいえない。

——労働は物理的な《事物》の中に具現化される〈?〉というが、しかし文化も同じで、書物、絵画、彫像、演説者の舌から発される空気の振動、大脳皮質につくられる印象などに、労働は具現化されるではないか。——経済的富は消費され、枯渇し、死んでいく〈?〉というが、精神的富も同じであり、精神的富のうちどれだけの書物や絵画や彫像や建築物が、時ががむしゃらに過ぎるにつれて容赦なく破壊されてしまったものか。——一方の人間が富を持ち他方の人間が富を持たなければ、経済的富は分割可能である〈?〉というが、精神的富についてもまさに同じことが言えるのだ。私的な蔵書や画廊のオーナーの虚栄心から、どれほど多くの名品、財宝が国民の目から奪われ隠されていることだろうか。経済的労働は、時間と空間の特殊な地点で、つまり工場に、土に、船に人間を縛りつける〈?〉というが、作家は机に、画家は画架に、音楽家はピアノに結びつけられているではないか。――譲渡された経済的富は、富を持っていた人に残され、持っていなかった人に渡る〈?〉というが、なによりもまず、精神的富も売買された後では、その精神的富を他人に与える人が自分自身のためにはそれを失うようなことはよくあることではないか。聴衆を熱狂させたり感動させたりする教師や役者や演説家や聖職者はまれにしかいないし、聴衆のほうも、習慣で鈍ってしまった自分たちの心の中に生きた奥深い響きを感じとることはもはやできないのではないか？　その逆もまた同じで、肉体労働であっても沈着冷静な気持でおこなわれる労働ならば、自分の周囲に慈善的な雰囲気を広めるというようなことは、私たちが日常的によく経験することではないだろうか？

要するに、ジェンティーレの理論は、前の章で検討したジョルダーノ・ブルーノの理論の単純な蒸し返しでしかなく、労働と文化のあいだに本質的な違いを設けようとするものである。つまり、文化は自律的だが労働は他律的、文化は無私であるが労働は私利私欲、文化は普遍的精神的だが労働は特殊的物質的だという違いである。理の当然として、シュドラ[注2]［Sudra］、バイシャ［Vaisya］、ブラーマン［Brahman］、苦力（クーリー）、役人など社会のカースト制への分裂という考え方がここから生まれてくるが、この分裂によって、少数の者は考えをめぐらし、多数の者は少数の者のために働かねばならない、というわけである。突き詰めるとこれは、アリストテレスの奴隷制正当化論への逆戻りである。一哲学者が、二〇年この方、あらゆる精神の行為は自我意識であり哲学であるとまったく同じ調子で繰り返すことしか知らず、人類の十分の九を精神活動から排除し、人類の十分の九を残りの十分の一の活動から排除することもためらわないのを考えると、なおさらのこと驚かざるをえない。

なるほどジェンティーレは、選ばれた者は可能な限り社会から見捨てられた人々とともに、ひたすら人間を自由にする文化の光を共有すべきだと勧めてはいるが、これは、彼の考え方においては、いわゆる労働、すなわち、より低いカーストに固有の務めである労働には、それ自身の中に光も人間性もどんな種類の威厳もないということを、改めて確認したに過ぎない。

このようなことは、絶対に否定されるべきである。労働と文化には本質的な差異はない。あるのはただ程度の差である。自由外出時間をうかがいながら旋盤で作業する労働者も奴隷のようなものだが、講義の終わりを告げる鐘の音に耳をそばだてながら教鞭をとる教授も同じような奴隷である。

敬虔な精神でおこなわれる有用労働をおおらかな気分で楽しみながら種を撒いたり耕したりする農民や、過酷な闘いの代償として美と真理がその背後に隠されている扉をこじ開ける詩人ないしは科学者は、いずれにもその差はありながらも、自分の活動によって敵対的で反抗的な物質の抵抗が弱まっていくのを感じるときの、あのすばらしく人間的な喜びを味わうのである。

そしてそのいずれもが、各々の仕方で人間性を称えるのである。彼らの間に違いがあるとすれば、それは程度の問題でしかない。

自分を人間性の次元に高めるために、労働者は自分の生活の通常のレベルから背伸びしてことをはじめる必要はない。いつもの同じレベルで、どんな自由で無私の精神活動にもゆるされる喜びを味わいながらはじめることは可能である。ほかでもなくこの喜びが、彼を人間にし、彼をして正しい意味での文化の中に自分の人間性への大きな息継ぎを見出すよう導くのである。労働者が労働から文化へと移るのは望ましいことだが、文化へ移行することによって、労働者は、動物性から人間性に移るのではない、それよりむしろ、より窮屈で貧しい人間性から、いっそう広々とした豊かな人間性に移るのである。

（注1）ジョヴァンニ・ジェンティーレ［Giovanni Gentile 1875－1944］イタリアの哲学者。パレールモ大学、後にピサ高等師範で理論哲学を教える。自著『戦争の哲学』で表明した原理にもとづき、一九一五年にピサの市民参戦準備・動員委員会に参加。一九一九年にローマ大学に招聘される。一九二二年～一九二四年までムッソリーニ政権下で公教育相（「ジェンティーレ学校改革」）、10年間の言動の結論として一九二三年にファシスト党に加盟、この党のイデオロギー的文化的指針の作成に尽力、一九二五年に「ファシズム知識人宣言」を発表。これにたいしベネデット・クローチェは反ファシズム知識人宣言を発表し、二人の哲学者の間に深刻な対立が

公然化した。ファシズムにイタリア国民の道義的宗教的再生の可能性を見たジェンティーレはファシズムをリソルジメント（イタリア国家統一運動）の完成に結びつけようとした。一九二五年～一九四四年まで『イタリア百科事典』の編纂を指導、この事典でのファシズムの定義はジェンティーレが執筆、ムッソリーニが署名したものといわれている。ファシズムの末期、新しい国民統一の綱領で内部対立を乗り越えようと試みるが、ファシズム体制の主要な責任者の一人として、フィレンツェのパルチザンによって一九四四年四月一五日殺害された。

主な著作には『マルクスの哲学』（1899）、『近代主義、そして宗教と哲学との関係』（1903）『純粋活動としての思考という活動』（1912）『ヘーゲル弁証法の改革』（1913）『哲学としての教育学』（1913－14）『イタリア哲学史』（1936）などがある。

（注2）シュードラ［Sudra］はインドの伝統的なカースト制度のうち第四番目の最も低い階級に属する人（奴隷）のこと。第三階級バイシャ［Vaisya］は庶民、商人。最高位の第一階級ブラーマン、バラモン［Brahmin］は僧侶や教師。第二階級クシャトリア［Kshatriva］は王族や武士を意味した。

第21章　労働と美

あまたの書物の中で、また人々の日々の会話の中で、「今日、休息時間のまったくない労働に燃え尽きエネルギーを使い果たした人間は、自分が短い生涯を送るこの世界の美しさに目を向ける時間も意欲もなくしてしまった」と嘆く声を私たちは何千回となく耳にしてきたし、また今も耳にし続けている。

日々の労働という櫂の上に、ガレー船のこぎ手の奴隷のように屈みこみ、神によって創造された天地の美しさに目を向けることもない。それはまるでガレー船に繋がれて一生を送る奴隷が、船が渡る海上の日没や夜明けの目の覚めるような美しさにまったく気づかないのと同じである。しかし現代の労働者たちはガレー船の奴隷よりも弁明の余地がない。なぜなら彼らは自分自身が自分の看守であり、あわれな奴隷を締め付けていた足かせよりもはるかに強力な目には見えない鎖で自らを日々の労働に縛り付けているからである。そしてこのような嘆きの言葉にはいつもありがたい助言が返ってくる。「おお、人間よ、一度でよいから君の日々のきつい仕事の手を休めて、この世界の美しさを鑑賞し、君の短い生涯を閉じる永遠の闇に包まれる前に、君の瞳をその美しさで満たしてみたまえ」。

このような悲嘆や助言がたとえ何千回と繰り返されようとも、なんら本質をつくことにはならない。労働を最大の喜び、最高の義務ととらえる文明の外に身を置いて初めて、このような悲嘆も助言も可能なのである。つまりこのような文明の内部からは決してこうした批判は出てこない。あらゆる文明は、感情、情熱、嗜好、独自の内部理論による判断などの均衡と秩序の上に成り立っている。そしてこのような文明・文化という最もデリケートな生き物の中に、異なる考え方は、その均衡を破ることなく、秩序を乱すことなく、文明の致命的な危機を引き起こすことなく、入ってくることはできない。

労働を人生最大の義務であり最高の喜びとする文明に対して、この世の美しさに目を向けていないと咎めることは、哺乳類に対しておまえは魚ではないと咎めることと同じである。そのような文明の欠点を矯正したいと思うことは、水中で生活できないという哺乳類の欠点を矯正したいと望むようなものである。この欠点は、有機体を深い本質のところは変化させずに矯正できるような欠点ではない。これは有機体自身の本質的な要素であり、これと一体化したものである。そしてこれを矯正しようとすることは、その有機体自身を殺すことになるであろう。ガレー船の奴隷のように櫂の上に身を屈めて労働に一日を費やし、さらなる労働に必要な活力を取り戻すためのごく短時間の休息の間しか仕事から離れることのない人間は、あなた方から見れば、この世界の最も美しいものにも無感動な常軌を逸した変人であるかもしれない。しかしあなた方がその人間にそういう判断を下すのは、彼を外部から見ているからである。彼が生きている内部の視点から見れば、自然の美しさについて瞑想するために仕事から離れるなどということは一瞬たりとも考えない、ということが正しいのである。なぜなら彼にとっては自然の美などというものはまったく存在しないからである。この世界は、逆に、観想的な無我の境地に身を置くものにしか、つまり平静、休息、平安の状態に身を置くものにしか、美しいとは感じられない。観想するということは、行動や労働を放棄することである。世界を美しいスペクタクルとして見るためには、人間の心が観客のような状態であることが必要である。観客とはつまり、実際の活動の外にいる人である。労働の情熱に燃え上がっている者にとっては、世界は美しくも醜くもない。そのような審美的カテゴリーには何の関心もない。彼にとって、自然は人間の目的や興味に従って作り上げる物質なのであり、このような目的を度外視して鑑賞したり観想したりする対象では決してないのである。

歴史家たちは、14世紀および15世紀に、イタリアの諸都市国家によって創り出されたすばらしい市民文明が、なぜ16世紀になると突然枯渇し、終ってしまったのか、と訝しがる。経済的・政治的・軍事的な何千という原因を指摘して歴史家たちはこれに答を出してきた。しかし、本当のそして深い理由は別の所にあると私は思っている。

14世紀、15世紀のイタリア市民文明を枯渇させたのは、ルネサンスの精神である。ルネサンスは人間に、神によって創造されたこの世の美しさを称賛し、味わい、観想するよう教えることによって、この世で活動しこの世を変化させ目的に従ってこの世を作り上げるように人間を導く文明の激しい情熱を徹底的に壊滅させたのである。一三〇〇年代、一四〇〇年代の慎ましい中世の市民たちを、一五〇〇年代に自然の美の洗練された享楽的な観想家へと変えたのは、ルネサンスの精神の影響なのである。私の主張の正しさを確認する決め手となるのは、「労働の文明は、プロテスタンティズムの精神にその起源がある」ということである。プロテスタンティズムはこの世と神を刀でばっさりと切り離した。ルネサンスの人文主義にとっては通過点であり神の意志によって生気を吹き込まれているこの世界は、プロテスタンティズムにとっては神から見捨てられ多くの悪魔が住む暗い谷であった。ルネサンスの人文主義者が、地上に戻ってきた多神教の神々(聖母自身、聖人聖女自身が異教の神々のように描かれている)が微笑んでいるのを見るところに、プロテスタントの信者たちは、大勢の魔女や悪魔の群れがあざ笑う姿を見る。この世はプロテスタントの信者にとって、人文主義者に見えたような神の鏡、写しとは見えず、神に反抗し、敵対する、闇に包まれた物質に見えた。そしてこの世を神の王国の鏡であり反映に変えるためには力ずくで屈服させる必要があると思われた。そこで信仰心からあふれ出るエネルギーは、すべてこの世を構成する物質を変形させるために費やされることになる。それゆえ決して日々の厳しい労働の中で、何物かの微笑が彼の手を止めることはないのである。それは彼がこの微笑を決して目にとめることはないから、あるいは見たとしてもその下に悪魔のあざ笑いを垣間見るからである。

まさにプロテスタンティズムが神を現世から遠ざけたために、現世はあらゆる審美的魅力を失い、人間の目には、人間の目的や興味に服従させるべき物質の貯蔵庫以外の何物でもなく写るようになったのである。これがまさに、イタリアにおいて息の根を止められた労働の文明が、アングロサクソンの国々へ渡った理由である。これがまさに、労働の文明にとって人文主義の精神や現世の観想が猛毒と写る所以である。そして人文主義の精神が、多かれ少なかれ常にイタリアで生き続けているがゆえに、イタリア人が労働の文明をどこか人工的でよそからもたらされたものと感じるのもそのためであると肯ける。私たちは労働を辛いけれども避けて通れないものとして無理にも受け入れなければならない。しかしイタリア人は心の奥の最も純粋で本質的な部分ではどうにもしっくりこないものと感じているのである。

しかし発祥の国であるイギリスやアメリカにおいても、この労働の文明が根元から傾き始めているということは、現代の最も新しく最も驚くべき現象の一つの現れであるように私には思える。これを人間の肉体への崇拝の復活と呼ぶことができるであろう。

約二千年もの長きにわたって閉じ込められ隠されていた衣服の墓場からのこの驚くべき肉体

の復活ほど、私たちの時代の著しい特徴はない。栄光に満ちたギリシャの時代［Ellade］のように、太陽と風の口づけに肉体をさらすことほど、私たちの時代に典型的で独特なものはない。アングロサクソン民族は、驚嘆とともに人体の美しさを発見した。ピューリタンの目からうろこが落ちたのである。そして彼らはヴィーナス像が大西洋や太平洋の海から浮かび上がるのを見た。人体の中でも彼らが特に注目し称賛するのは、筋肉組織の複雑な能力、体の動きにつれてまた動きを目指して束状になる筋肉の美しさである。これはギリシャ人とは根本的に異なる考え方である。ギリシャ人にとって、人体は基本的に落ち着いた休息の形態であった。しかしそれはどうでもよいことだ。三世紀を経た後、アングロサクソンは初めて労働から目を上げて、彼らの前で生き、息づいている美しい被造物を、驚きをもって眺めたということが肝要なのである。少なくともしばしの間、彼らは仕事を離れて見とれ、感嘆する。

そして鋼鉄とコンクリートで固められた堅牢な都市の上に、少しずつ、戻ってきた人文主義精神の風が吹き始めるのである。

労働観の歴史への補遺

――同系関連概念の哲学的分析

第22章　補遺1　スポーツ

専らではないとしても本質的に世代間の格差（この場合、世代間の時間的距離を二五年未満に設定したいと思うが）を構成するものは、精神的な嗜好や関心の違いである。このような観点から見ると、直接引き続く二つの世代間には、私や私と同じくいま四十代から五十代にさしかかっている人たちが属する世代と現在十五歳から二十五歳までの世代との違いよりも、さらに大きな違いはおそらくないように思うがどうだろうか。この違いをたった一言でいえば、いま十五歳から二十五歳の世代は、本質的に**スポーツの**世代である。これとは対照的に、私と同世代の人々にたいしては、スポーツはなんの影響も及ぼさなかった。私たちの時代に体操は後期中等学校教育のなかで不当に軽んじられた教科であった。先生は人気（ひとけ）のないがらんとした体育館のまえで、練習に出てくるように大声で叫んでは声をからしていたものだ。スポーツ・クラブの会員は少なく、会費の支払いは悪く、通ってくる者もめったにいなかった。スポーツに関心のある読者がほとんどまったくといっていいほどいないなかで、スポーツ週刊紙がかろうじてなんとか発行を続けていた。ところが今日ではどうだろう、各種のスポーツ新聞がその驚異的な刷り部数を自慢しているではないか。スポーツ面のない政治日刊紙はないし、他のどの紙面よりもまずスポーツ面にふつうの読者の目ははしるのだ。スポーツ・クラブは、世論の支持や公的機関の保護に囲まれながら旺盛に繁栄している。体育は他のすべての教科と対等の立場にあり、生徒たちは他の教科よりももっとずっと強い熱意と関心をもって体育を学んでいる。簡単に要約すれば、二つの世代のあいだの対抗関係は、上に述べたようななによりもまず肉体に関心をもっているような世代と、私が属するような精神と教養にとりわけ関心をもつ世代との対抗関係ということだ。そして私としてどうしてもあらかじめ注意しておきたいのは、どちらの側に軍配をあげるなどということは私の意図にはまったくないことである。ただ私としては、ひじょうに深刻なので根本的な対立関係となっているこの違いを確認したいだけである。つまりこの対抗関係は、集団的な関心と嗜好の軸のきわめて完全な《移動》を当然含んでいるのだから、この《移動》の特殊で偶発的で一過性の原因にさかのぼって考えるようなことは、ばかげている。むしろ生物学的、生理学的な原因、つまりは、私たちの惑星上を循環する生気の流れの、眼に見えないが奥深い振動に立ち返って考えてみたいところだ。二五年か三〇年前にはこの生気の流れは精神的なことがらの方に一方的に傾いていたが、こんにちでは肉体的なことがらに一方的に傾いている。我々はできることならその変化の原因が分かれば追求してみたい。

さて、イタリアならびにヨーロッパでスポーツ嗜好やスポーツ熱がますます広まっているが、この現象が、アメリカ的な、概してアングロサクソン的な生活観や生活習慣がしだいに普及していることと同時におこっていることは議論の余地はない。この生活観と生活習慣は、人間をこの世界の事柄に関心を向けさせ、来世や来世の諸問題にはますます無関心にさせ、地上は人間が努力を傾けるのに最も真実で価値あるところであり、労働は人間の第一で至高の義務であることを人間におしえるものである。働き働き、さらに働くこと、そして一日休息をとり労働の果実を享受するために、働かずみだりに無為に過ごしたりするのでなくひたすら働くためにだけ働くこと、労働を義務であり喜び、生活の務めであり褒賞とすること、これがアングロサクソン的な理想である。〔第一次〕世界戦争が終わってから、この理想は、少しずつ、猛烈な勢いで全ヨーロッパに広まっていった。労働熱は私たちの血管のなかで脈打っている。生活のリズムはサイクロンのように乱れ雑然となった。働かず無為に過ごしたり物思いにふけったりする締りのない快楽を味わったり追求したりする人は、もはやごくわずかである。私たちの祖父や父親の理想であり喜びであった、節度をもって生きる時代は終わった。昨今、労働の信仰の信者たちが工場や港湾の煙った殿堂にわんさとむらがってきている。労働崇拝と敵対関係にあるか相互関係にあるかはともかく、スポーツ崇拝が力強く開花しなかったならば、こうした生活の理想を信奉する人々は並外れた持続する努力によって、その神経は打ちのめされてしまうにちがいない。

スポーツは労働への生理学的および生物学的な解答である。労働がなければスポーツはたちゆかない。労働のきびしい緊張の中に休息と健康になくてはならない心の安らぎのひとときを取り入れるのがスポーツである。行動（アクション）という同一の神聖な行為［divinità］は、労働とスポーツをとおして、昼の顔と夜の顔、過酷さと微笑み（ほほえ）という二つの顔をあらわす。行動すること、これが当代の魂の定言的命令である。行動、これが現代の唯一の真の神聖な行為である。行動がそれ自身とその成果を真剣に考えるとき、行動は労働となる。行動が自分自身とその成果に微笑みかけ、その成果からまったくかけ離れて自己自身の純粋な営みにひたすら喜びを感じるとき、行動はスポーツとなる。私たちの文明は、まさしく労働の文明であるゆえに、また労働の文明であるかぎりでのみスポーツの文明でもあるのだ。

現在の世代が喜びと感ずるスポーツは、こんにち、労働が実行されそこで感じ取られるときと同じようなすべての特性を有しているが、スポーツは労働と特性は同じでも、労働のような実際的な目的や成果をあてにしておこなわれることはない。近代のスポーツは、穏やかで静かな楽しみというものではまったくなく、きわめて厳格なルールと規律を要求する。その意味では労働と同じである。近代スポーツは、個人の自由意志やイニシアティブにゆだねられることがますます少なくなり、厳格な合理化にますます縛られるようになっている。まさに労働と同じである。近代スポーツは直近に達成された記録をぬりかえたり新記録を達成したりすることを主として目的としている。その意味でまさに労働と同じである。近代のスポーツは、生来の孤立状態から個人を引き離し、その連帯的な努力によって全体の勝利を保証する従順な規律正しい成員としてチームに個人を吸収する傾向をますます強めている。まさに労働と同じである。近代スポーツは、小説まがいのおぼろげな精神状態、漠然とした想念、痛ましいほどの細心さ、禁欲への誘い（いざない）といったものの一切を人間精神から払いのけ、そのかわりに《生》について厳しいが雄雄しく、自発的だが規律正しく楽観的な感覚を養う方向をめざしている。まさに労働と同じだ。したがって、私たちの主人であり私たちの神である労働がその救済役としてスポーツを招聘するだけでなく、現代のスポーツの特徴が逐一、現代の労働の特徴に符合しているのである。

さらに突っ込んで見てみると、現代社会においてスポーツが驚くほど開花し普及してきたことの隠れた理由がわかる。信仰感情が深く、労働が原罪の贖い（あがない）であり、来世において最終的に帳尻がつけられるであろうがこの世に生きる以上はしばしのあいだ甘受して耐え忍ぶよう神が人間に課した避けられない不幸であると考えられていたうちは、労働はその救済と心の安らぎをスポーツに求めることはなかった。労働が救いと心の安らぎを求めなかったのはなぜか。それは、現世の苦痛の百倍にもなって報いられる来世が人間にあたたかく微笑みかけてくるという信仰心にもとづく期待のなかに、労働がその救いと心の安らぎを求めたからであった。こうした先験的な見方が衰えていくにつれて、また、それと同時に、経済の発展にともないますます広範囲の人間をそれこそますます多くのゆるぎない足枷で縛りつけ、手工芸のゆるやかなルールにとってかわって近代工場の軍隊式の鉄の規律が取り入れられるにつれて、労働にはこの世の地上で救済と心の安らぎがどうしても必要だという考えがますます切実になってきた。労働の軍隊が新たな補充兵で膨れ上がってくればくるほど、喜びも光もあたえることのない細分化され特化された労働がおこなわれる近代的工場で、これら新規の補充兵が余儀なくされる労働は、ますますきつく、面白みのない単調な労働となっていき、労働からくる張り詰めた緊張感を緩めることは差し迫った必要となった。差し迫っていればこそ、労働がどのようにおこなわれようとも、大量の労働軍が、労働を褒賞とか喜びそのものと感じることはいよいよ不可能になってくるだけであろう。

単調な肉体労働を強いられた大衆は、労働を目的それ自体としてではなく手段として、できるだけ早く自分をそうした労働から解放すべき耐えがたい苦痛としてしか感じることはできないだろう。ほかならぬこうした解放こそ、大衆が労働をスポーツに見いだそうとしたものであった。だからヨーロッパにかぎらず、当のイギリスやアメリカにおいても、スポーツが流行しだしたのは、労働への熱意がそのもともとの由来である重要な信仰的な希望や信念を育成するのにもはや役立たず、自己自身を育成しながら衰えて、いわば燃えつきてしまう、そういうときであった。

こうして、現代の関心をスポーツという激しく渦巻く流れのなかに一気に集中させることにすべてがはたらいた。産業主義の普及によって労働をできるだけ速やかにそこからの解放をうながすような痛ましい《くびき》としてしか感じることができない、ますます単調で無味乾燥な労働を強いられている大衆は、スポーツのなかに、安らぎと慰めを求める。労働を自分たちの神、義務、褒賞そのものと考えたエリートたちは、労働からスポーツへとますます安易に移行するが、そうなればなるほど、手段でなく目的として、それ自体褒賞として、義務であり同時に喜びとして労働を考えるので、労働は、それだけに途方もなくスポーツに接近してくる。労働は、要するに、真剣なスポーツそのものとなり、同じように、スポーツは労働（そのような意味での労働）で愉しみと遊びのためにおこなわれる労働である。どのような動作であれ、どのような労働であれ、その成果を考えてではなくそれ自身のためにおこなわれた労働は、それが利害関心からはなれた、冷静な、迷いから解かれた心でおこなわれるものなら、スポーツとなる。

だから、やや話を飛躍していえば、労働はスポーツに転化し、労働の文明はスポーツの文明に接近し、事実上、スポーツの文明となることだってありうるのである。

第23章　補遺2　遊び

遊びとは何か?

ジュゼッペ・レンシ教授(注1)は、彼の著作の中でも最も興味深く傑出した評論(『不合理なもの、労働、愛[L'irrazionale, il lavoro, l'amore]』の「労働」)の中で、遊びを次のように定義している。遊びとは、「その活動が、本来それ自体が目的のように考えられ、それ以上の意図は持たずに我々の中に呼び起こされる喜びや興味のために」行われる活動である。従ってレンシによれば、遊びとは、その活動自体以外の何らかの結果を達成するために行うものではなく、純粋で単純な行う喜びのために、「それ自体で完結し、限られ、他の効果を望まない活動が私たちに与えてくれる喜びのために」行うあらゆる活動である。反対に労働とは、行う喜びそのもののためではなく、行動自体の外にある結果を考慮して行われ、それを行うことに私たちが決して魅力を感じないようなあらゆる活動のことである。このような定義を定めて、レンシは非常に論理的に、労働はいかなる種類の、いかなる形態のものであれ、常に生来、多少は骨の折れるものであり、私たちはいやいやながらも強い必要に迫られて、私たちの本能的な衝動を抑えなければ従えないようなものである、という結論を導き出した。人間は行うことによって得られる喜びのためでは決してなく、行動自体の外にある目的（報酬、昇進、名声、称号など）を達成するために働くのであるから、結果として人間は労働する時には常に自らが根深く持っている性癖と闘い、多少とも服従や隷属の状態にあるのである。人間は、その行為に本来内在する喜びのために行動する時にのみ、一言で言えば遊んでいる時にのみ、真に人間なのである。労働ではなく遊びが人間を高尚にする。

レンシは彼特有のゆるぎない整然たる論理を展開して、この労働と遊びの定義から他のいくつかの論理的であると同時に逆説的な結論を導き出した。しかしここではそれに言及することは止めて、この労働と遊びの定義そのものの妥当性を分析してみよう。

もし遊びというものが、それを行うことによって得られる喜びのために実行されるあらゆる活動であるということが正しければ、サッカーに興じる少年たちやカードゲームをする大人ばかりでなく、自分の空想の中のイメージに——報酬や作品がもたらすと期待される栄光のためではなくその作品そのものに夢中になることから得られる喜びのために——形を与える芸術家も、難しい問題の解答を見つける喜びのために苦しみながら沈思黙考する哲学者も、研究の情熱にかられて顕微鏡の上に屈みこんで毎晩過ごす科学者も、複雑な方程式を解くために悩み苦しむ数学者も、レンシの考えでは、決して働いているのではなく、遊んでいることになるであろう。レンシもそれは否定しない。それどころかむしろこの結論をはっきりと肯定する。彼によれば、芸術家も哲学者も数学者も科学者も、彼ら自身の活動によって得られる喜びや情熱のために行っている限り、彼らは働いているのではなく、遊んでいるのである。これは受け入れがたい結論である。結論がばかげているのは前提がばかげているからである。

遊びが遊びであるためには、単に行う喜びのためにのみ実行するのでは十分でない。遊びにはそれを行う者が真剣にならないこと、本当の興味を抱かないこと、その行為に深く熱中しないことが必要である。従って、思索の結果得られるものを真剣に受け止めずに、思索をめぐらす楽しみのために何らかの体系を思索する哲学者は遊んでいるのである。反対に、スコーパー（カードゲーム）に夢中になり相手と刃傷沙汰になるほど熱中する者は遊んでいるのではない。遊びであるためには情熱は必要ない。そしてそのために、遊びの分野から芸術、哲学、科学、愛、政治、すべての精神的活動が除外される。要するに、情熱、興味、愛をもって専念される限り、これらの活動は遊びとは考えられないのである。もし行為者が、その活動に真剣に取り組まず情熱を傾けずに行ったとすると、それは遊びになる。そのために本質は変ってくる。単にそれらの活動の表面的なもの、仮面になってしまう。たとえば愛は戯れの恋になってしまう。逆に、通常興味を抱かず情熱も持たずに行われるこれらの活動が、そのために遊びである活動が、真剣に取り組まれ、今や遊びに対する情熱、熱狂が生まれると、そのような状態でこの活動を行う者にとってはもはや遊びではなく、恐ろしく深刻で重大なことになるのである。

だがもう一方で、労働が、それが与える喜びのための活動ではなく、活動そのものの範囲外の目的を考えて行われる時にのみ労働になりえる、というのも正しくない。もしそれが正しければ、芸術家、科学者、数学者、哲学者がイマジネーションに形を与えようと、また心を悩ます問題の解答を見つけ出そうと努めて、苦しみながら堕天使との厳しい闘いのうちに夜を過ごす時、彼らは働いているのではなく遊んでいることになる。誰がこのような主張を受け入れられるであろうか？　レンシは労働をあまりに狭く定義しすぎている。その活動の外にある目的達成のために、そこからいかなる喜びも得ることなく行動する者の行為のみが労働なのではない。これは最も下等な労働である。人間が、思うようにならない物質を飼いならしつつ、少しずつそれを自らの意志と個性に従わせていくあらゆる過程、あらゆる活動が労働なのである。そして人間は、闘いの中で自己実現し自分を認めさせようとするその活動的な本質のために、無気力な状態に耐えるのは非常に苦しく困難である。反対に、労働は彼に立ち向かってくる外的および内的世界の抵抗を少しずつ抑えて勝利をおさめていくものなので、ますますその行動に情熱と興味をもつ喜びの源泉なのである。いかなる遊びもいかなる「スポーツ」も、自分の好きな仕事ほど、夢中になる仕事ほど、虜になる仕事ほど、心を満たしてはくれない。これは当然のことである。なぜなら遊びは心の表面にとどまり、深く拘束することは少ない。一方労働は心の奥の可能性をすべて目覚めさせ、それが何であるか、何に値するかの意味と尺度を与えるからである。真剣に働く者は誰でも、自分の仕事の突進力でハードルが一つずつ減ってゆき、最後のハードルが倒れたあと、自分の勝利の戦場を振り返り、心の中で、苦労して少しずつ歩んできた道を眺めなおす喜びに匹敵するものはなにもないということを知っている。「労働の喜び」とはレトリックではない。働くものなら誰でも体験する心理学的真実である。もちろんレンシ自身も、労働の喜びの存在を否定している彼の立派な評論を書きながら、これを体験していたはずである。

まさに遊びは情熱と興味の深い根を持たず、持つことができないゆえに、仕事ほど心を満たすことができないのである。現代の「スポーツ」フリークの若者に投げかけられる視線がこの正しさを裏付けている。彼らが内面的には不毛で空虚で満たされず寂しいということは衆目の一致するところである。そしてまさに遊びは自分自身のために行うが、深く真剣に行うものではないために、典型的な遊び―遊びの代名詞的存在は、あらゆる種類の活動から心を解放し、結果を純粋に理性とは関係のない運にゆだねるもの、つまり賭け事である。人間が真に人間であるのは遊んでいる時であるというレンシの言が正しいのであれば、人間が賭け事をしている時ほど人間らしいことはない、という結果も正しいということになる。しかしそれは間違いである。なぜなら、人間は遊びそのものに全力を傾注しないからである。もしそうしたとすれば、もはや彼にとってそれは遊びではない。

仕事一辺倒の人生はあまりにも堅く重苦しい。明るさと快活さに欠ける。遊びのみの人生はあまりにも浅薄で空虚である。重みと堅実さに欠ける。遊びと仕事を交互に行うことが賢明である。人間の活動は、遊びの中で空の状態を楽しむ。しかしその後、自分に自信を持つために、堅固なもの、思うようにならない物質の山に取り組んで人間の目的に従わせるように形作る必要を感じるのである。一方で人間の活動は、いつも思うようにならない物質との闘いの緊張の中で苦しんでばかりもいられない。生き生きとして新鮮で、満たされた人生を実感し享受しながら、自由に自分を解放する必要も感じる。しかし遊びが心に軽やかさとみずみずしさを与えるためには、遊びは定義通りのもの——人生という厳しく重いものの中の一瞬の休憩——にとどまっていなければならない。誰でも、あえて人生を遊び一色で過ごそうとすれば、その人生は空しく満たされないものになるか、あるいはもし本当にすっかりそれに浸りきれば、遊びは強迫観念、苦痛に姿を変えるだけである。そしてつまりもはや遊びであることをやめるのである。

（注1）ジュゼッペ・レンシ［Giuseppe Rensi 1871－1941］イタリアの哲学者。反ファシストの戦闘的社会主義者、急進的懐疑主義者。『懐疑哲学要綱』（1918）『不合理の哲学』（1937）

第24章　補遺3　貯蓄

ブルジョア文明、資本主義文明の最も典型的で固有の特色の一つは、節約と貯蓄が最重要事項と考えられていたことである。誇張ではなく、これらの文明を「貯蓄の文明」と定義することも可能であろう。確かに、このブルジョアおよび資本主義文明に先立ついかなる文明においても、貯蓄は全く知られていなかった。唯一このブルジョア、資本主義文明において、貯蓄はクローズアップされ、最も重要視され、基本的・根本的な経済現象としてまた他の特色の中で究極の原理としての尊厳を手に入れたのである。

ヴェルナー・ゾンバルト(注1)が明快に指摘したように、中世の封建的領主的経済は、消費の習慣が支配的であった。領主は自らの威厳と威信を維持するために、またその社会的身分が彼に義務づける贅沢や豪華さを誇示するために収入に比べてかなりの金額を必要とした。収入によって支出を規制するのではなく、支出がすべてを決め、導き、支配した。そしてこのようなシステムにおいては当然のことながら、常に支出が収入を上回った。かくして一般に封建的領主的経済システムはどこでも負債体質であり、これは世界的な現象であった。このような政治体制において貯蓄が行われていたとしても、それは金や銀の物品を貯めこむという形であった。あるいはもっと後の12世紀以後は、家宝として蓄えられた金貨・銀貨であった。

収入によって決められた限度を支出が越えないこと、というよりむしろ稼いだ分より支出を少なくすること、節約を貧しい人々の辛い必然ではなく裕福な上層階級の人々の美徳と考えること。これが新たなブルジョア文明の到来を告げる基本的な特色であり、イタリア諸都市国家の見事に独創的な創案の一つなのである。そしてこの種の文明にとってこの特色は非常に本質的で自然なことなので、ブルジョア文明が成功し他を圧するようになるところではどこでも、節約・貯蓄が盛んに行われるようになるのが見られる。イギリスのダニエル・デフォー(注2)、アメリカのベンジャミン・フランクリン(注3)が貯蓄について語っていることは、イタリアのレオン・バッティスタ・アルベルティ（本書第10章の（注2）参照のこと）が15世紀にすでに語っていたことと全く変らない。

しかしながら、彼らの貯蓄に対する考え方は、今日私たちが見るような厳密な意味での資本主義文明において行われているものとはまだ程遠いものである。一方で、彼らの貯蓄は、本来個人的な動機と目的を持っている。ブルジョアは、勤勉で自制に努めた長い労働の日々の後の静かで平穏な老後のことを考えて貯蓄する。他方でこのように貯蓄された金は主に高利貸し業に投じられた。使わずに貸し付けに投下される金。そして利子によって新たな金が発生し、金が金を生み、際限なく増殖していく。このような形の貯蓄は、社会ではなく個人を豊かにする。これは人生に対して閉ざされた無感動な心の状態から生まれ、またそれを行うことによってますますこの習慣、傾向が強まっていく。そのためカトリック教会は、浪費と華美を厳しく非難したばかりか、高利貸しについても同様に厳しく糾弾した。それにもかかわらず教会は、偉大な神学者トマス・アクィナス、聖アントニーノ・ダ・フィレンツェ、聖ベルナルディーノ・ダ・シエナの口を介して、営利事業への資本投資から得られる利益であっても、もし貸し主がその事業のリスクと不確実性を共有するのであれば合法的であると言明したのである。これは高利貸し的貯蓄ではなく、資本主義的貯蓄である。そしてこれはカトリック教会の方針に全面的に沿って発生したものである。つまり利益は消費されずに生産に投資され、それがまた次の生産の手段となっていくのである。貯蓄が組織的、自発的に行われることに加えて、その貯蓄が利子稼ぎの金貸しとしてではなく、商業的事業に投資されるようになると、ブルジョアは資本家になる。そしてブルジョア文明は私たちが今なお生きている資本主義文明へと姿を変える。

資本主義社会が三世紀にわたって、「自ら成長を続け、毎年利益の合計が雪だるま式に幾何級数的に大きくなり、どこまでその富の蓄積が続くのか最終ゴールが見えないような社会」といういまだかつて歴史上見られなかったような驚くべきショーを披露し続けることができたのは、古代・中世においては全く知られていなかった「生産に投資するために貯蓄が組織的・普遍的・継続的に行われる」という現象のおかげなのである。経済的な事業に貯蓄が投資されたことから本質的にダイナミックな文明が生まれた。そしてその文明はほぼ三世紀の間に、地球の外観をすっかり変え、それまでのすべての文明を合わせても足りないほど人間を豊かにした。

資本主義文明を最もよく表す定義の一つは、これを生産的貯蓄の文明と評するものである。そして実際、明日――決して今日にはならない明日に、決して現在にはならない未来に目をすえた文明は、必然的に生産される製品をできる限り消費される物質から新たな生産の手段となるものへと変えていかなければならない。つまり必然的に節約・貯蓄の文明でなければならない。未来の文明、労働の文明、貯蓄の文明…視点は異なるが、相関関係を持っている。これらすべては私たちには資本主義文明という一つの顔に見えるのである。

資本主義文明のイデオロギーの根拠を注意深く観察すれば組織的な貯蓄の実行を見ることができる。進化論、歴史主義、進歩主義など様々な形をとっても、その中に絶え間なく利益が資本に還元され、それがまた雪だるま式に増え続けるという考え方が見られる形態は、貯蓄を組織的・普遍的な目的とする社会の自然なイデオロギーを作り出す。

貯蓄の実行は、かつても今も、社会主義者からの資本主義批判に対する最も強力な防御および攻撃の武器である。社会主義者たちの非難に対する適切な回答は、「唯一個人の資本家のみが、獲得した所得のすべてを消費するのではなく、一部を新たな生産の手段への投資に当てようとする知性、将来への配慮、自制心を持っている」というものである。社会主義社会のようにもはや個人が利益を得ることが主たる動機とならない社会では、また国家の財産を司る者たちが、かつて一度もそれを手にしたことがない者たちで、従って過去の空腹に戻ることを恐れて絶対にそれを手放すまいと貪欲にむさぼろうとするような社会では、決して貯蓄は行われないであろう。そのような社会は過去の富を消費するばかりでなく、未来の富をも手に入れる前に食い尽くしてしまうであろう。社会主義が決して解決できない問題が貯蓄の問題である。どのような種類のものであれ社会主義よりも資本主義が優れているという根拠を示すにはこの貯蓄という一点で十分である。「生産」にではなく「分配」に、「利益」にではなく「必要」に根拠を置くために、社会主義は唯一大規模な組織的貯蓄を可能にする心理状態を打ち砕く。社会主義社会が成立し、いかにうまく組織されたとしても、社会の富を増やすことはできないであろう。せいぜい現在手にしているものを維持するのが関の山と思われる。

このどうしても勝ち目のない議論に社会主義者が出せる（過去には決して出せなかったが）私からみれば唯一の答えは次のようなものである。つまり「富を増やすことはなくても、経済的特権を持った人間のいない経済の安定した社会の方が、たとえ社会全体がどんどん豊かになっていくとしても社会的不平等の上に築かれている社会よりも好ましい」。しかし社会主義者たちは、経済の発展と社会的平等を同時に欲する。鉄と木、円と四角。一度に二つは手に入らないという格言を思い出すべきである。それゆえ資本主義の利益の不平等に対する彼らの厳しい批判も、このような「不平等」が、過剰利益の大部分が新たな富を生み出すことに捧げられるという事実によって解消されるのを見るだけで力を失うのである。次のような言に反論を見つけるのは難しいのではないか。「確かに社会全体の労働の成果の中で資本主義の取り分はライオンの分け前であるというのは正しい（イギリスでは社会全体の所得の三分の一が人口の三〇分の一の者の手に渡る）。しかし資本主義者はこの分け前を個人的には最小限しか消費せず、残りは新たな富を生むために捧げるのである。そしてその新たな富からプロレタリアートも夫々の分け前を得てこれが無限に続いていくのである。このようにして資本主義者が一方の手で掴んだものは、少なくともそのかなりの部分がもう一方の手で戻されることになる。それによって無限の時間の中で、個々のケースではなく歴史的観点からみた場合にも収支のバランスがとれるのである。またそればかりか、社会の資本が継続的に増加していくと、プロレタリアート自身が、経済変動のない社会におけるよりも自分が豊かであると感じることができるのである」。

私たちは、組織的な節約・貯蓄が行われるのを常に目にしているので、このことがあたかも当然で自然なこと、例えば食べたり飲んだりするようにいつ始まったかもわからず決して終わることのないもののように考えるようになった。だがそうではない。これははっきりいつと判る時点で出現した歴史的現象なのである。そして実際、今日、現代社会の様々な事柄によって、三世紀にわたって幾何級数的な富の増大と蓄積を可能にしてきた感情、思想、風潮のこの壊れ易いシステムが深刻に脅かされているのを私たちは目にしている。将来への配慮と節制は貯蓄を生み出す美徳である。そしてこの美徳によって社会は経済的発展をとげる。しかしこのような美徳が今、深刻な危機にさらされている。

先の第一次大戦、その後の平和に続いて起きた一大通貨危機は、あらゆる世代の苦労の末の貯蓄を蒸発させ、すべての人間の生活に不確実で不安定な気分を蔓延させて貯蓄という美徳の信用をすっかり失墜させてしまった。平和とは不安定なものであり、新たな戦争や新たな通貨危機がすぐそこに迫っているかもしれないという気持ちが広まって、人々は貯蓄をすることに興味を失い、日々を楽しく過ごそうと考えるようになった。これと同じ不安や心もとなさが家族や夫婦という社会の基本単位の危機にも影響を及ぼし、その絆を弱め、解体に向かわせた。さて、今日、生活のイニシアティブを握っている世代は若者たち、スポーツ好きで戦闘的でヒロイズムや冒険、危険に夢中になる若者の世代である。今や貯蓄をすることは若者の美徳ではない。スポーツ好きで好戦的で英雄崇拝なのだからなおさらである。さらに贅沢への憧れがますます膨れ上がり広がって、貯蓄をおいぼれ老人の時代遅れの美徳にしてしまった。これは客観的な分析であって、これに異議をはさむ者はいないと私は思う。そしてこのように強大な、しかし同時にこれほど脆い資本主義文明の未来についてのひどく暗い予想を誰も否定できないであろう。おそらく私たちはこの文明の黄昏の時期に生きているのだ。植物が地面から栄養を吸い取るように、この文明は貯蓄から栄養を得てきたのである。

このような世間一般の風潮に対して、道徳を振りかざして説教するのは何の役にも立たないしばかげたことである。説教では何一つ変えることはできない。この最悪の事態に備える、より効果的な対策は各国政府によって実行される次のような政策である。各国政府は（イタリア政府のように）それぞれ、熱心に国民の心の中に家族の大切さを再び思い出させ、国民一人一人が個人よりもはるかに大きな有機的組織に属しておりその中での彼の役目が唯一彼の生きる道であると理解させようとした。しかし各国政府がなによりも力を注いだのは、共同体の社会的・経済的構造に、人々が明日への信頼を持ち、彼らがしっかりと地面に足をつけていると感じられるような堅固さ、安定性、耐久性、持続性を与えることであった。貯蓄の習慣というかつては巨大であった植物が、今日かなり弱って枯れかけているのを、新しい葉をよみがえらせ、新たな春を迎えてすべての人に恩恵が行き渡るようにするためには、これらの政策は不可欠な条件であった。

治療措置は早急に講じる必要がある。なぜならアメリカから、かの貯蓄についての最も偉大な理論家にして抒情詩人であったベンジャミン・フランクリンを生んだアメリカから、貯蓄を過小評価し、その中に美徳ではなく欠陥を見ようとする理論が我が国にまで届き、広まりつつあるのを私たちは目の当たりにしているからである。ヘンリー・フォード(注4)は反・貯蓄の理論家である。最近、宴会の席でスピーチを求められた彼は、新しい世界と古い世界に対して次のような驚くべきメッセージを投げつけた。「貯蓄をしてはいけません！　貯蓄は弱者、人生に敗れた者の美徳です！　私の経験が私に教えてくれます。稼いだものを全部使うこと。それが常にさらなる稼ぎをあげるために必要な条件なのです。貯蓄をする者は、自分自身に貧乏を強いているのです！」。

そして反・貯蓄の哲学全体は、今、成熟と普及の途上にある。彼らは言う。「貯蓄は消費を減らし、従って生産を減らす。厳しく節約を実行する国において、大量生産は不可能である。つまり低価格はありえない。実際、買い控えが生活にかかる経費を減らすという考えは愚かである。もし今ある在庫品を赤字覚悟で売り払う必要が生じれば、工場を閉鎖し、将来的に生産を減らすことで、つまりもっと高値で売ることによって、過去と同じ利益を得ようとするであろう。しかし同時に給料は減らされることになる。そしてこれは実際、名目上は以前と同じ価格で商品が提供されたとしても、一層貧しくなった人々にはより高価なものになることを示しているのである。さらにその上、倹約家の国民は、安全志向であり、起業力に欠け、わずかの物で満足し、野心に乏しく、自分に自信を持てない人々である。貯蓄を美徳とする人々は、人生に自信をなくし、いかなる環境でもなんとかやっていけるという確信に欠けている。これに対して、稼いだものをすべて使うこと、使い切ることは、金を循環させ、産業と商業を発展させ、生活全般を向上させ、生活に輝きと興奮を与える。これは人生や人間への信頼があるからこそできることであり、活気にあふれ、豊かで自信に満ちた人生の証明なのである。この理論にどっぷりと浸かったアメリカは、金遣いが荒く金持ちである。金持ちだから金遣いが荒いのではなく、金遣いが荒いから金持ちなのである」。

実際、アメリカでは本当に各人が稼いだものをすべて、さらにそれ以上を消費する。産業界は増え続ける製品の新しいはけ口を常に探し求め、需要のないところに需要が生まれるように、また需要のあるところではそれが無限に拡大するようにあらゆる手を尽くす。分割払いが買い物を奨励した。実際にこのシステムでは誰も手にしたものの真の所有者ではない。それは価格の全額を支払っていないからである。そして全額が支払われた時には、かなりの時間がたっているため品物はそれなりに消耗している。時間の価値は非常に大きく、修理する方が新品を買うよりも高くつくのである。

今や、アメリカは金遣いが荒いから金持ちであるというのはばかげた言い方であることがわかる。真実は、その国土の途方もない自然の豊かさのために怪物のように巨大化したアメリカの産業が、国内市場と征服を狙っている海外市場に放出する莫大な量の商品を吸収するために、なんとしても贅沢と消費を生み出す必要に迫られている、ということである。そして真の、また最大の消費は常に戦争であるから、国内および海外市場でもはや吸収しきれなくなった商品を消費する最も手っ取り早い方法として戦争が考えられる時が来るかもしれないのである。おそらく私はペシミストなのであろう。だが、世界の平和にとって最も危険なのは、まさに現在生じつつあるこの反・貯蓄の哲学であるように私には思えてならないのである。

（注1）ヴェルナー・ゾンバルトは第9章「近代技術および近代経済の影響下での労働観」の（注3）を参照のこと。

（注2）ダニエル・デフォー［Daniel Defoe 1660－1790］イギリスのジャーナリスト、小説家。『ロビンソン・クルーソー漂流記』シリーズ（1703〜）『非国教徒撲滅策』（1702）他。

（注3）ベンジャミン・フランクリン［Benjamin Franklin 1706－1790］アメリカの政治家、外交官、著述家、物理学者、気象学者。アメリカ独立に多大な貢献をした。『フランクリン自伝』他。

（注4）ヘンリー・フォード［Henry Ford 1863－1943］本書第19章「労働の文明における労働者の精神的傾向」の（注2）を参照のこと。

第25章　補遺4　贅沢

贅沢の概念は、非常に変り易く、境界があいまいで、正確に定義するのが難しいものである。概して、それ自体として欲しがられる余剰であると定義される。これは間違いではないが、これがすべてではない。単なる余剰の概念は、贅沢の概念の領域をすべてカバーするものではない。贅沢は特別な要素を余剰に求める。つまりそれ自体の中に、美しさ、上品さ、そして何より珍しさと高価さを持ち合わせていることが求められる。贅沢品とは、非常に値段が高いものである。それは欲しいとは思っても無くてもすませることができ、実用には他のもっと廉価なもので代用することができるのだが、それを持っているお陰で所有者が、並みの一般大衆から際立って、ごく一握りの限られた特権階級の一員になることができるために欲しがるような物である。

従って贅沢は、本質的に相対的なものである。どの品が贅沢であり、どれがそうでないかを決定するのは、ある一定の時間と場所の、製造や販売の状況を考慮に入れない限り不可能である。例えば今日、誰もシャツやテーブルナプキンを贅沢品とは呼ばないであろう。だがこれらは中世の間中、贅沢品、それもきわめて贅沢な品であった。このように、私たちは少しずつ、昨日まで贅沢品であった品々が生活必需品に変っていくのを目にしてきた。例えばイタリア南部の家庭風呂もそうである。それゆえ、それ自体で贅沢品と考えられる品はない。贅沢であるということは、単に個人によってそう判断され、憧れられ、望まれるものである。しかしその個人がそう判断するにあたっては、彼自身の率直な気持ちからそうするのではなく、贅沢品であると定義され人々の評価の定まった品に対する世論や社会一般の願望に押されて、それに従っているのである。

従って贅沢に対する感情は、本質的に社会的なものである。それを追求する者は、社会の中で自分を他者から際立たせたいと望むまさにその行為によって社会のことを考え、社会に依存している。贅沢を追求することで、個人は、自分が他の一般大衆には手の届かない、はるかに洗練されたものを必要とする人間であることを示したいと熱望しているのである。これらの欲望は精神的なもののこともある。たとえば立派な本の所有やすばらしい音楽の鑑賞などである。しかし本や音楽が贅沢とみなされるのは、それ自体が持つ価値を愛して求められるからではなく、それを所有したり鑑賞したりすることが個人に洗練と他者からの尊敬をもたらすからである。要するに、贅沢な人とは、共同体の中に身を置きながらもその中で目立ち、個人として、経験主義的「私」［io empirico］として他者との違いを際立たせたいと望む者のことである。

有名画家の絵、よい音楽、稀書などは、それらが「私」個人にとって、他のそれぞれ経験主義的「個人」[individuo empirico] の中で自分を生来優越した繊細で上品な人間と見せるための手段であると考えられた時にのみ、贅沢品なのである。

この意味では、贅沢の現象は全体として道徳的見地からすれば完全に非難されるべきものである。通常人々が贅沢に寛大なのは、贅沢を非難することは人間を自然状態に返らせることと同義であると考えるからである。これは全く間違っている。贅沢を非難する者は、単にその時の個人の精神状態について、個人が似たような者の集団の中でその集団に対して自分が優越した種族の動物（動物ということに注意）であると見せつけたいという行為を行う精神状態そのものについてのみ非難するのである。いわゆる贅沢品そのものに害があるわけではない。リネンのシャツは中世、また近世になってからもかなり最近まで贅沢品であった。しかし今日、リネンのシャツに袖を通しながら自分は贅沢を追い求めていると思う者はいないし、自分を贅沢な人間であると感じる者はいない。今日、このような感情を抱く者がいるとすれば、分不相応な最上等のシルクのシャツを着ることで他人の羨望を集め、それを買うために社会的義務をおろそかにし、人格を高めようとせず、借金を払おうとしないような者である。贅沢と非難されるのはこのような者であって前者ではない。

贅沢を、上品（エレガンス）、洗練と混同してはいけない。似たような概念ではあるが、別物である。上品（エレガンス）

という概念の中では人間にアクセントが置かれるが、贅沢の概念の中では物品が問題なのである。事実、「贅沢なlussuoso」という形容詞は人よりも物に対して使われる。上品（エレガンス）の中には、私たちの道徳心に不快感を与えることのない私的・個人的経験という要素がある。それどころか全面的な称賛を得る。禁欲的なカント[注1]は、上品（エレガント）な着こなしと洗練されたマナーを身につけていたと伝記作家は語っている。私たちは決して彼に贅沢な人間というイメージは抱かない。厳格で「超越的」[trascendente]な道徳は贅沢を非難するばかりか、一般に上品や文化をも非難する。そして最も妥協のない禁欲主義にたどり着く。しかし未来の可能性に何の注意も払わない「内在的」[immanente]な道徳もまた、贅沢を正当化することができない。つまりたとえ人間がこの現世以外に活動する場所がないとしても、そのために人間がこの世を構成する単なる物質のかけらの奴隷になる必要は生じないのである。贅沢品は、技術が進歩し日用品として市場に溢れるようになれば、もはや贅沢品ではなくなる。贅沢を追求することは、従って、「私」を「私でないもの」に、主体を客体・物質・肉体に隷属させることである。地上の悪魔の餌食になることである。上品（エレガンス）、洗練は反対に、人間の振る舞いである。自身のため、また他者のために贅沢な生活をしたいと望む人間の今現在の精神状態がどのようなものかは、非常に分かり易い。このような精神状態は道徳的生活とは完全に矛盾する。

　しかし反論もある。贅沢が人類の文明を発展させた最も有力な要因であったこと、また人間を向上に導いた最も力強い誘因であったことは否定できない。贅沢を非難することは、人間の文明という木を根元から切断することにならないのだろうか？　しかし、道徳的生活、今現在の実際の道徳的生活は、このような程度の低い歴史主義的な考察に屈することはできない。まず、これらの歴史主義的考察についても語るべきことがたくさんあるようだ。よく検討してみれば、贅沢は（贅沢を金儲けへの愛着などと混同してはいけない、これは別物である）文明の発達に考えられているほど貢献したわけではない。過大評価されているといってよい。たとえそれが正しいとしても、文明への愛着のために贅沢を免罪することは、理論的には贅沢への愛着のために売春を免罪することに通じるであろう。なぜなら、誰でも知っていることであるが、贅沢への愛着が売春の最も明らかな原因の一つだからである。いずれにしても、贅沢品を買う時に文明とその発展について考えている人間がいたら教えてほしいものだ。その瞬間、その人間は自分のことしか考えていない。自分が属する社会の中でいい格好をすることしか考えていない。文明のことなど全く気にしていないのだ！　だがやはり、行為の直接・間接の結果によって道徳的判断を下すことには気をつけなければならない。これが際限なく広がっていくと、当然、道徳的判断を下すのを放棄するのと同じことになる。道徳的判断は、行為を行う主体の今現在の感情にしか下すことができない。つまり私たちが不適切にもその人間の「意向」とよぶものである。

また贅沢を華麗、豪華、絢爛などと混同しないように気をつけなければならない。よく似ているようだが、同一のものではない。華麗、豪華、絢爛の中には、果たすべき社会的役割、維持すべき家族的伝統、強化すべき公的威信というような概念が含まれている。華麗な人間、豪華な人間、絢爛たる人間は、自分のためだけに行動するのではなく、何か個人を超えた役割のために行動する。それは家族、キャリア、職務などである。逆に、贅沢な人間は自分のこと以外は考えない。あるのは「私」という人間だけである。

まさに、過去の贅沢と現代の贅沢の差はここなのだ。過去の贅沢は、何にもまして華麗、豪華、絢爛であった。それは家系の栄光、キャリアの華麗さ、職務の尊厳を確固たるものにした。かつての社会の上流家庭は、それが上流家庭であるという事実だけで、尊厳と社会的役割を与えられていた。庶民たちは上流家庭が慎ましく地味に暮らしているとそれを非難したようだ。庶民は貴族の豪華さにほれぼれと見とれ、時には妬むこともあったかもしれない。しかしその真似をしようとは考えなかった。このような豪奢は上流の人々のもつ尊厳そのものに本来備わったものだからである。今日、これとは逆に、贅沢は支えるべき家族的または公的伝統と切り離された、純粋に個人的な現象である。贅沢を追い求める者は、家族の栄光とかキャリアの体面などについては全く考えず、考えているのは自分のことだけである。

そしてこのため贅沢への愛着は普遍的なものになった。これはもはや愛着というよりも、伝染性の熱狂、苦しい強迫観念である。あらゆる社会階層が夢中になっている。贅沢の蔓延は資本主義革命の避けがたい結果なのである。それを吸収する市場を求め、需要を上回る。そしてさらに需要を促進し、場合によってはそれを創り出す。技術の進歩は非常に早く、かつて贅沢品であったものを日用品にする。そして今や需要は一段と高まるのである。あらゆる階層がこの渦に巻き込まれていく。ヨーロッパ経済は砂上の楼閣であり、不意にそれを呑み込もうとする深い溝が足元に口を開けている、という暗い、しかし広く蔓延した気分が浪費へと人々を導くよう、最後の後押しをする。誰一人貯蓄する者はなく、皆が稼いだものを使い切る。皆が必要なものを無理やり創り出し、誰もが高価なもの、贅沢なものを欲しがる。そして両方を手に入れるために、壁を打ち破り、ブレーキをはずし、譲渡や放棄が行われた。これは道徳的生活を根底から揺るがした。少女の慎み、人妻の美徳、市民の誠実さ、そして人間の尊厳はすべて打ちのめされた。労働への興味、貯蓄への興味は枯れ果てた。「個人」でありたいという情熱は消えてしまった。なぜなら、贅沢を追い求める者は、何が贅沢で何がそうでないか、何が流行していて何がそうでないかについて、周りの意見に沿った行動をとる必要があるので、自分自身が創り出したものではなく他からもたらされた行動様式に従って生活していかなければならないからである。こうして個人は他人より際立ちたいという行動において、そして行動そのもののために、自分自身であることをやめるのである。

このようして根元が腐食していき、資本主義という巨木は、枯れてぐらつき、崩壊の危険にさらされているところなのだ。

（注1）エマヌエル・カント［Immanuel Kant 1724－1804］については第12章「十九世紀哲学に見る労働観」の（注1）を参照のこと。

訳者解題

【1】

小原耕一

やや謎めいた話からはじめたい。アドリアーノ・ティルゲルの名を知ったのは、今から10年ばかりまえのことである。アントニオ・グラムシが獄中で書きつづった29冊（翻訳練習ノートを含めれば33冊）のノートのうちの第25番目のノート、「歴史の周縁で——従属的(サバルタン)社会諸集団の歴史」を翻訳したときのことだった。そのノートの第三番目の草稿にはこう書かれていた。

「アドリアーノ・ティルゲル、ホモ・ファーベル〔ものを作る人〕。西洋文明における労働観の歴史、ローマ、Libreria di Scienze e Lettere, 1929. 15リラ」

グラムシが書いた草稿の中には著者名、書名、発行地、出版社名、発行年、定価などしか書かれていない草稿はこれ以外にもあるにはある。しかしこの草稿は、グラムシが第1ノート（一九二九－一九三〇）ですでに書いている草稿をそっくりそのまま第25ノート（一九三四）に転写したものである。グラムシがこの草稿をわざわざ第25ノートに転記した意図はどこにあるのか？ 獄中ノート校訂版編集責任者ヴァレンティーノ・ジェッラターナによれば、この書誌目録は『イターリア・レッテラーリア（文芸イタリア）』一九二九年八月一一日付に掲載されたコッラード・アルヴァロの書評を読んで、そこから「おそらく」とったものだという。何年か前にアルヴァロの書評が載った新聞のコピーを京都の松田博氏（立命館大学名誉教授）から送っていただき読んだが、この書評を読んだだけでは、よりによってなぜ従属者諸集団の歴史を主題とした第25ノートにその書誌目録を転記する必要があるとグラムシに思いいたらせたのか、そこのところは今でもすんなりとは合点がいかない謎としてのこっている。

グラムシが『ホモ・ファーベル』を読んだうえで何がしかのコメントを書き記すつもりでいたことは十分考えられるが、けっきょくグラムシはこのティルゲルの本を獄中で目にすることも読むこともなかった。グラムシは一九三七年四月に釈放の身となったが同月二五日病気療養のため収監されていた診療所で突然脳出血におそわれ、二七日に帰らぬ人となった。グラムシの死を看取った義姉タティアナ（グラムシの妻ジュリアの実姉）が引き取った獄中ノートには、たった2行半の書誌目録だけが記された二つの草稿はそのまま残されることになった。

グラムシにおける従属者概念と「ホモ・ファーベル」概念の内的連関については、『グラムシ思想の探求―ヘゲモニー・陣地戦・サバルタン―』（二〇〇七年一二月、新泉社）の中の第5章「サバルタンと『ホモ・ファーベル』問題の射程」で松田博氏が踏み込んだ解明をおこなっている。示唆に富む論考であり、ぜひ一読をおすすめしたい。

昨年春、ティルゲルの『ホモ・ファーベル』の初版本（一九二九年）が思いがけず手に入り、ざっと読んでみた。『ホモ・ファーベル』とサバルタン論の関連はグラムシ研究にとってはもちろんだいじだが、そのことよりもむしろ、グラムシとほぼ同じ時代を生きた文明批評家としてのアドリアーノ・ティルゲルの西欧労働観の史的概説に強い関心をいだいた。

ティルゲルが『ホモ・ファーベル』を上梓したのは一九二九年、ウォール街の株の大暴落にはじまる世界恐慌勃発の直前である。第二次世界大戦をはさんで80年たった今、米国のサブプライム問題に端を発した戦後最大といわれる世界金融危機、〝第二の世界恐慌〟の荒波は日本経済にも押し寄せ、日本資本主義の前途に暗雲がたれこめはじめた。「現代の貧困」、ワーキング・プアー、「不正規雇用」、プレカリアート*などといった言葉がにわかに人々の耳目をしょうどうさせた。これらの憂鬱な言葉の奥底で「資本主義的労働文明」、「ホモ・ファーベル（ものを作る人）」という概念もその言葉もろとも力なく崩れてゆくように思えて仕方がない。かつてグラムシは、古いものは死んだが新しいものは生まれてこない時代を「危機の時代」と呼んだ。「古いものは死んだ」が「新しいものはなかなか生まれてこない」今の時代に焦燥感だけがつのるばかりだが、この「閉塞した時代」に新しい「ホモ・ファーベル」論ないしは「労働文明」論を今一度復権させることは可能か。そしてその方向を手探りで模索するうえでティルゲル『ホモ・ファーベル』はとりあえずの〝水先案内〟になりえないだろうか。これがなによりもまず、本書の邦訳を世に出そうと思い立った理由である。

＊プレカリアート［precariat］はイタリア語の「不安定な」を意味する形容詞プレカリオ［precario］とプロレタリアート［proletariat］をつなぎ合わせた合成語。イタリアの若い失業者が壁に書いた落書きから流行ったと言われている。

［2］

本書は、副題にあるように、「西洋文明における労働観の歴史」をやや〝高校生向け教科書〟風に平易に概説したものだが、古代ギリシャ・ローマ文明から現代文明にいたる約三〇〇〇年の間に生じた労働観（労働の概念）の変容を概括的にあつかった著書は、わが国では幾つかの文献は別として、あまり多いとはいえない。先にも述べたように、本書は今から80年前の一九二九年に刊行されたものだから、当時の時代状況に由来する素材の古さは否めないし、とくにヘーゲルの労働観やマルクスの労働観などもう少し突っ込んだ解説が欲しかったなど、不満をあげればきりがないが、文明史論的視野で考えれば、80年という時の経過はさして問題にするほどのこともないように思える。

20世紀後半の一九八〇年代にはドイツを中心に「労働社会の終わり」（ユーゲン・ハーバーマ

ス『近代の哲学的ディスクルス』)、「労働というカテゴリーの自己解体」(クラウス・オフェ「社会学のカテゴリーとしての労働」)、「労働社会の消滅」(ラルフ・ダーレンドルフ)など労働社会の破局的危機が警告的に予告された。そして一九九〇年代にまたがって、こうした「労働社会終焉」論とともに、「ベルリンの壁」の崩壊(「ソ連崩壊」)でさらに拍車のかかったグローバリゼーションと新自由主義イデオロギー攻勢のもとで、資本主義体制の勝利宣言とでもいうべき「歴史の終わり」(フランシス・フクヤマ)も宣言された。

それから20年あまりたった今、新自由主義の「破綻」や資本主義経済の「崩壊の危機」がしきりに予告されている。ところがこれと裏腹に、「労働」や「労働する人間」よりも、本来その人間労働から産み出される「資本」や「利潤」を死守することを最優先する〝企業哲学〟のほうが相変わらず世論をリードしているようにも見える。一九三〇年代の大恐慌時代のように街頭に失業者があふれだし、オイル・ショック当時のように街のネオンがすっかり消えてしまったわけでもないから、危機、危機といわれてもにわかに実感できないのも事実だが、企業と労働する人間との契約関係の法律的表現にすぎない「雇用関係」が「正規」であれ「不正規」であれ、「労働」に携わる人々が全体として紙くず同然にいとも簡単に社会の周縁に放逐されるという事態は、日本の社会システムが根本のところで致命的な「機能不全」をおこしていることの何よりの証拠であろう。ここらへんで大雑把にでも、人類の《生》の原点ともいうべき

「労働」観の変遷についておさらいしてみることも無益ではないと思うが、どうであろうか。

先に幾つかの文献は別として、と書いたが、たとえば一九九八年に刊行された今村仁司著『近代の労働観』（岩波新書）もその一つである。この著書にティルゲルの『ホモ・ファーベル』についての言及はないが、取り上げられている題材には著者である今村氏が主眼をおいた「近代の労働経験」の考察という枠を超えて、古代ギリシャ文明の労働観、前期・後期キリスト教世界の労働観、近代文明の労働観などをはばひろく視野に入れて書かれている。その意味では、九州大学出版会の『諸宗教の倫理学』シリーズ第2巻『労働の倫理』（M・クレッカー、U・トゥヴォルシュカ編、石橋孝明、榎津重喜、中村幹生訳）も、ユダヤ教、カトリシズム、プロテスタンティズムの労働観について論じている章もあり、いずれもティルゲル『ホモ・ファーベル』との接点も少なくない。

ティルゲル『ホモ・ファーベル』を翻訳するにあたってイタリア、フランスなどのネットで「労働」にかんする新しい文献を検索してみたが、フランスのあるサイトにアップされていた労働（Travail）にかんする解説論文「労働：我々は愛するのか、それとも憎むのか？」（Angus Sibley, 二〇〇七年五月）には、ティルゲル『ホモ・ファーベル』が重要参考文献の一つとして掲げられているのには驚いた（http://www.equilibrium-economicum.net/index.htm）。

また今回気がついたことは、労働にかんするカトリック系の学者の研究が少なくないことである。例えば、ボローニャ大学のピエルパオロ・ドナーティ［Pierpaolo Donati］教授が「労働と人間［Il lavoro e la persona umana］」（二〇〇五年六月）と題して「労働の意味：古代と近代の諸矛盾を超えて」「近代産業社会からポスト産業社会およびポスト・モダーン社会への移行期における労働」「カトリック精神と教会の社会的教義」「ヨーロッパの新しい労働文化に向けて」といったテーマで論文をpdfでネットにアップしている。経済・金融のグローバル化のもとで新自由主義市場経済が謳歌されてきたなかで「労働」の概念もいつの間にか〝風化〟してきたことにたいするカトリック世界の側からの危機意識の反映とみることもできようが、いずれにしろ欧州同盟の発足など新しい状況のもとでの「労働文明」の新たな可能性の模索がカトリック世界においても始まっているのかもしれない。

プロテスタンティズムの労働観については、たとえばアリスター・マクグラス教授（オクスフォード大神学部）が『宗教改革の思想』（教文館）において、ルターによるドイツ語Berufの使い方と関連して興味深い考察をおこなっている（「プロテスタントの労働倫理」三二六―三二七ページ）。本書『ホモ・ファーベル』では、このBerufが「職業と召命」の同義語となり「近代へと通じる扉」を開くうえできわめて重要な役割を果たしたと指摘されている（本書第7章「ルターの労働観」四九ページ）。マクグラス教授がティルゲルに直接言及し『ホモ・ファーベル』

を「西欧世界における労働についての決定的な研究」（三二六ページ）だと評価していることを紹介しておきたい。

労働観の変遷とカトリック世界とのあいだには、もともときわめて深い関係がある。資本主義的労働文明の《ほころび》が今にわかにクローズアップされているが、資本主義が「文明化」機能（マルクス）を果たせるようになるためには、それこそ数百年にわたる助走期間をへている。少なくとも西欧では、この助走期間にカトリシズム、プロテスタンティズムが労働観の変容に及ぼしている影響はけっして小さくない。マックス・ウェーバーの名著『プロテスタンティズムと資本主義の倫理』は「資本主義という経済システムが、実は宗教的な教義を前提としていることを示したもので、市場万能主義の成立や経済危機の終末論的な解釈が生まれる必然性を予見したものとも言える」（島田裕巳氏「宗教から見た金融危機」二〇〇九年六月二二日付『東京新聞』夕刊）との指摘もある。本書が多くのページをユダヤ教・キリスト教世界の労働観にあてている理由もおのずと納得していただけよう。

当然のことながらティルゲル『ホモ・ファーベル』では一九三〇年以降にあらわれた労働観ないしは労働哲学はあつかわれていない。したがって今村仁司『近代の労働観』で検討されているアンリ・ドマン、第二次大戦後でいえば、ハンナ・アーレント、ミシェル・フーコー、シモーヌ・ヴェイユ、ユーゲン・ハーバーマスなどの思想家、学者などは当然のことながら検討の対象にはなっていない。しかし、どの思想家や学者を取り上げて主題を深め展開するかは重要な問題だが、それぞれの著者や編者の関心の向けどころや拠ってたつ視点もおのずと違うから、あの思想家を取り上げているがこの思想家を取り上げてないというようなことを基準に、あれこれの著作の良し悪しを判断するのは差し控えたいところだ。

今村仁司氏は自著の「あとがき」で「本当に労働は人間の本質なのであろうか。これが私の基本的な疑問であった」、「労働が必要な活動であるからといって、労働が人間になくてはならない本質的な活動であるとはいえない。むしろ反対に、必要と必然の活動から可能なかぎり解放されることこそ、人間のまっとうな在り方になるのではないか。これが前々から私が考えてきたことである。本書もまたこの観点で書かれている」と述べている。要するに、今村氏は、人間が自律的に生きるために「労働中心主義からの脱却」、いいかえれば「労働中心主義文明からの転換」を提起する。

「本当に労働は人間の本質なのであろうか」という今村氏の提起した疑問からすれば、そもそも「労働」と「人間」とを一体のものとしてとらえる「ホモ・ファーベル（ものを作る人）」などという概念の洞察に「人間のまっとうな在り方」を求めるなどというのは見当違いであり、むしろ「ホモ・ファーベル」概念などはその〝呪縛〟から人間を「解放」しなければならない対象なのかもしれない。『近代人の労働観』の参考文献としてティルゲルの『ホモ・ファーベル』についてはもちろん、アンリ・ベルグソンの「生の飛躍」や「ホモ・ファーベル」論についてまったく言及されていないことにも、今村氏の心情と関心の向けどころがうかがわれるが、ここでその是非を問うことは控えたい。

ドミニク・メーダ著『労働社会の終焉』（若森章孝・若森文子訳、二〇〇〇年、法政大学出版局）も、今村氏と基本的な問題意識を共有しているとみてよいだろう。この著書は「労働——消滅しつつある一つの価値」を原題として一九九五年にフランスで刊行された。著者メーダも「世界を魔術から解放する」（ヴェーバーの表現）をヒントに「労働を魔術から解放」すること、いいかえれば近代が産み落とした社会的絆を含むいっさいの派生的な価値観や規範（それをメーダは「魔力」「魔術」と呼んでいるようであるが）を労働から引き剥がすことを説き、「労働は人間の不変の本質として表象されるような人類学的カテゴリーではけっしてなく、近代においてのみその『発明』が必要になった徹底的に歴史的カテゴリーであることを論証している」（同著訳者あとがき）という。労働を「人類学的カテゴリー」と「歴史的カテゴリー」とのアンチテーゼ（対照法）でとらえることにはいささか違和感をもつが、このアンチテーゼをメーダが方法論的に徹底させるのであれば、同じフランスの「生の哲学者」、アンリ・ベルグソンについての批判的分析があってしかるべきと思ったが、メーダはたった一回、それも原注においてベルグソンに言及しているにすぎない。それはなぜなのか、疑問がのこる。「労働」

を人間にとって最も本質的なものとするとらえ方は何もベルグソンにはじまったわけではないが、ベルグソン哲学の根本的特徴の一つは「労働」と「人間」を一体のものとしてとらえる「ホモ・ファーベル（ものを作る人）」論にある。「人間は本質的に工作者［fabricant］である」「私たちは、物質的にも精神的にも創造し、事物を作り自分自身をも作るのが人間の本質だと信じている。『ものを作る人（ホモ・ファーベル）』というのが私たちの提言する定義である」（『思想と動くもの』）。

今回訳出したティルゲル『ホモ・ファーベル』は、そのアクチュアリティの是非について大いに論じる余地はあるとしても、思想的にはマルクス―ベルグソン継承関係のなかで「ホモ・ファーベル」論の意義をあきらかにしようとしている。このことは以下の叙述からも明白である。

「マルクスは生産手段の変容（メタモルフォージ）のなかに、人間社会の変革と革命の究極原因を見ていた。技術は、マルクスによって、究極的な歴史の推進力という高い地位に就かせられた。ベルグソンはこの点でマルクスと意見を同じくしているだけでなく、もっと先にすすんだ。ベルグソンの技術哲学は歴史哲学の境界を超えて、《生》と宇宙（ウニヴェルソ）の歴史の新たな一章となった。ギリシャの哲学者たちが傲慢にも見くびってそれから視線をそらした、つつましい生産手段、機械は、それをとおして創造的進化が絶えざる創造の努力を永続化する何がしかの物となった。

どの哲学者も、ベルグソン以上に人間の生産的労働をこのように高く位置づけ、よりふさわしくたたえたものはいない。ベルグソン以前に、人間がその崇高さをたたえるのは物作りにおいてであることをひじょうにはっきりとのべた者はいない。ベルグソンのおかげで、ホモ・ファーベル〔ものを作る人〕はホモ・サピエンス〔知恵のある人〕の同義語となった」(本書九二～九三ページ)。

〔3〕

いまどきベルグソンでもティルゲルでもあるまい、という意見もあるだろう。しかし第二次大戦後、労働観あるいはホモ・ファーベル論がはらむ問題性をもっとも深く洞察した思想家はだれあろう、ハンナ・アーレントである。そして先のドミニク・メーダもアーレントの政治哲学の考え方を継承すると言われている(同著訳者あとがき)。そのアーレントは、早くも一九五〇年代に、アンリ・ベルグソンとともに、日本ではいうに及ばず戦後イタリアにおいてさえほとんど忘られかけたティルゲルの〝幻の書〟『ホモ・ファーベル』に注目した唯一の、とはいわないまでもきわめて数少ない思想家であった。ティルゲルのこの書に単に注目しただけではない。重要な参考文献の一つとしている。『全体主義の起源』(1951)とともにアーレントの主著の「双璧」ともいわれる『人間の条件』(1958)、とりわけそこに添付された詳細な《原注》を注意深く読むことによって、このことを確認することはできる。多少ながくなるが幾つか引用させていただこう。

(1)アーレントは本文中つぎのように書いている。(なお邦訳『人間の条件』ではHomo faberは「工作人」と訳されているが、本書では「ものを作る人」と訳したことをお断りしておきたい)。

「近代は伝統をすっかり転倒させた。すなわち、近代は、活動と観照の伝統的順位ばかりか、〈活動的生活〉内部の伝統的ヒエラルキーさえ転倒させ、あらゆる価値の源泉として労働を賛美し、かつては〈理性的動物〉が占めていた地位に〈労働する動物〉と〈工作人〉、すなわち「わが肉体の労働とわが手の仕事」をはっきりと区別する理論を一つも生みださなかった。これは一見したところ、驚くべきことである。この区別に代わって現れたのは、まず、生産的労働と非生産的労働の区別であり、次いでしばらくすると、熟練作業と未熟練作業の区別が現われ、そして最後に、外見上はそれ以上にもっと基本的な重要性をもつと見られたから、この二つの区別の上に、すべての活動力が肉体労働と精神労働に分けられた。しかし、この三つの区別の中で、問題の本質をついているのは、生産的労働と非生産的労働の区別だけである。したがって、この分野における二人の大理論家、アダム・スミスとカール・マルクスが、理論体系全体をこの区別においたのも偶然ではない。近代において労働が上位に立った理由は、まさに労働の「生産性」にあったからである。そして神ではなく労働こそ人間を造ったとか、理性ではなく労働こそ人間を他の動物から区別するというようなマルクスの冒涜的な観念は、近代全体が同意していたある事柄の最も過激で一貫した定式にすぎなかった（14）」（ハンナ・アレント『人間の条件』第3章「労働」11「わが肉体の労働とわが手の仕事」、志水速雄訳、ちくま学芸文庫、一三九－一四〇ページ）

原注（14）でアーレントは指摘している。

「「人間労働による人間の創造」というのは、青年時代からマルクスに最も一貫していた観念の一つである。（中略）労働が人間を動物から区別するということを最初に主張したのは、マルクスではなくてヒュームだと思われる（Adriano Tilgher, Homo faber［1929］; English ed.: Work: What it has meant to Men through the Ages［1930］）」。

アーレントがここで参照しているのはティルゲル『ホモ・ファーベル』英語版の第11章「理性の時代におけるハンマーと鋏み」（本書の第11章「一七〇〇年代の労働観」）の次の一節であろう。「ヒュームによれば、人間と動物を区別するものは、労働と骨折りであり、それによって貧しく裸でこの世に放り出された人間が、全ての自然の恵みを手に入れることができるのである。必要は発明の母であると同時に活動の偉大なる刺激なのである。この派のすべての作家同様、ヒュームもまた贅沢と富を称賛した」（本書八〇～八一ページ）。

アーレントの説明を理解するには、使われている概念を整理して考える必要があるが、ここでは『人間の条件』の訳者志水速雄氏の「解説」をたよりに要点を以下に整理しておこう。

アーレントによれば、自然環境に働きかける人間の内発的な活動力、《活動的生活 Vita activa》は《労働 Labor》《仕事 Work》《活動 Action》の三つの側面に分類されるが、近代以降、人間の活動力のヒエラルキーに変動が生じ、《労働》が優位にたつことによって《仕事》と《活動》が人間的意味を失い、大量消費社会の出現ともあいまって現代文明の危機が準備されることになった。

《労働》を人格化したものが「労働する動物」、《仕事》を人格化したものが Homo faber〈工作人〉、《活動》は「活動の人」ということであるが、とくに《労働》と《仕事》の概念上の違いはそれぞれが生みだす「生産物」を見れば明らかだという。《労働》が生みだす「生産物」は耐久性のない消費物であり、《仕事》が生みだす「生産物」は「人間の消費過程を超え、それにいわば抵抗して存続するように作られた物」である。志水氏は、余談として、アーレントに会って《労働》と《仕事》を区別する観念をどこで得たのか訊いたさい、彼女が「台所とタイプライター」だと答えたとのエピソードを紹介している。「つまり、オムレツを作るのは

『労働』であり、タイプライターで作品を書くのは『仕事』なのである」(「訳者解説」五三五ページ)。

(2)「マルクスの労働哲学が、19世紀の進化および発展の理論と同時期に現れたというのは印象的である。いいかえれば、人類全体の生命過程の歴史的発展を説く理論が、有機体生命の最低の形態から人間動物の出現に至るまでの単一の生命過程の自然的進化を説く理論と同じ時期に現れたのである。このことは、マルクスを「歴史のダーヴィン」と呼んだエンゲルスによってすでに観察されていた。経済学、歴史学、生物学、地質学など、さまざまな科学において、これらの理論が共通してもっているのは、過程の概念であり、それは近代に至るまで事実上知られていなかったものである。自然科学による過程の発見が哲学における内省の発見と時を同じくしていた以上、私たち自身の内部における生物学的過程が結局は新しい概念のモデルそのものになったとしてもごく自然のことである。内省に与えられる経験の枠組みのなかでは、私たちの肉体内部の生命過程以外に他の過程は知られていないからである。そしてそれを翻訳でき、それに対応する唯一の活動力は、労働である。ここから、近代の労働哲学における生産性と繁殖力の等値が、同じ等値にもとづくさまざまな生の哲学に引き継がれたことは、ほとんど避けられなかったように思われる(64)。ただ初期の労働理論と後期の生の哲学の違いは、主に、後者が生命過程を維持するのに必要な唯一の活動力を見失ったことである。しかし、歴史的発展の事実として、労働は以前より楽になり、その結果、労働は、自動的に機能する生命過程にいっそう似たものになったから、生の哲学が労働を見失ったことも、むしろ、このような歴史的発展の事実に即しているように見える。世紀の変わり目に（ニーチェおよびベルグソンによって）、労働ではなく生命こそ「すべての価値の創造者」であると宣言されたとき、この生命過程の純粋なダイナミズムにたいする賛美によって、労働や生殖のような必要〔必然〕によって人間に押しつけられる活動力にさえ現れる最小限の自発性も排除されたのである」（前掲書第3章「労働」15「財産の私的性格と富」、一七四－一七五ページ）。

原注（64）において、アーレントは以下のように指摘している。

「この結びつきはフランスにおけるベルグソンの弟子たちによって漫然と感じられていた（中略）。これと同じ学派に属するのはイタリアの学者 Adriano Tilgher（前掲書）であるが、彼は労働の観念は生の新しい概念とイメージに中心的なものであり、その鍵をなすものであると強調している。ベルグソン学派は、その師同様、労働を仕事や製作と同一視することによってそれを理想化している。しかし生物学的生命の原動力とベルグソンの élan vital の類似は印象的である」（前掲書、二一五ページ）。

ティルゲルがベルグソン学派に属するかどうかはともかくとして、「労働を仕事や製作と同一視することによってそれを理想化」するベルグソン学派にたいし、アーレントは批判の眼差しを向けているが、同時にベルグソンの élan vital〈生の飛躍〉を一概に否定していないことにも留意する必要があるだろう。

（3）アーレントは「近代に顕著な特徴の一つとして、〈工作人〉に典型的な態度」を以下のように分類している。

「世界の手段化と、工作物の作り手の生産性と道具にたいする信頼。手段目的のカテゴリーは全範囲に及ぶとする確信。問題はすべて解決することができ、人間の動機はすべて有用性の原理に還元することができるという信条。与えられた一切のものを材料と見なし、自然全体を織り直すために好きなだけ切り取ることのできる無限の織地」（68）と考える支配者的態度。知性とは創意工夫のことであると見る態度。いいかえれば「工作物の製作、とくに道具を作る道具の製作、また、製作を無限に多様化させる道具の製作……これらの製作の第一歩」とは考えられないようなすべての思考にたいする軽蔑。そして最後に、製作と活動とは当然同じものであるとみなす態度。」（前掲書第6章「〈活動的生活〉と近代」43「〈工作人〉の敗北と幸福の原理」、邦訳四七八－四七九ページ）

原注（68）でのアーレントの補足説明。「近代哲学におけるベルグソンの地位を分析することはあまりに主題から離れることになるだろう。しかし、homo sapiens を凌駕する homo faber の優越性と人間知性の源泉としての製作にたいする彼の固執、さらに、生と知性の強調

的対置は大変示唆的である。当時、思考にたいする製作の相対的優越性という近代初期の確信は、一切のものにたいする生の絶対的優越性というそれよりももっと最近の確信に取って代わり、それによって滅ぼされた。ベルグソンの哲学はその過程のケース・スタディとして読むことができよう。ベルグソンがフランスの初期の労働理論に非常に決定的な影響を与えることができたのは、彼自身まだこの二つの要素を統合していたからである。Edouard Berth や Georges Sorel の初期の作品ばかりでなく、Adriano Tilgher, Homo faber (1929) もその用語法を主としてベルグソンに負っている」(前掲書、五一七－五一八ページ)

以上、やや唐突な引用が続いたが、アーレントがベルグソン『創造的進化』などとならんでティルゲル『ホモ・ファーベル』を自論を批判的に展開する上での重要な手がかりの一つとして読んでいることはお分かりいただけたと思う。

ただ、ティルゲルの『ホモ・ファーベル』では、アーレントが『人間の条件』でおこなっているような活動力のヒエラルキーに生じた『労働』『仕事』『活動』の優劣の交替という視点での系統だった分析はほとんどおこなわれていない。しかしそのことによってティルゲル『ホモ・ファーベル』の意義がそこなわれることはないと思う。どのような書物にも限界はある。その書物の重要性は「古くさくなるすべを知ったことにある、つまり、新しい思想を押し上げたことにある」(ベネデット・クローチェ、A・ラブリオーラ著『唯物史観』一九三八年新版への序文より）し、「古典とは、言いたいことをけっして言い終えることのなかった本のことである」（イタロ・カルヴィーノ）からだ。

アーレントの「活動的生活」の定義について、ひとことだけ付言しておきたい。《労働》が生みだす「生産物」は耐久性のない消費物であり、《仕事》が生みだす「生産物」は「人間の消費過程を超え、それにいわば抵抗して存続するように作られた物」である、いいかえれば、オムレツを作るのは「労働」にすぎないが、タイプライターで作品を書くのは「仕事」であるというアーレントの捉え方がほんとうであるとすれば、そこになんとなく違和感を覚えないわけではない。なぜなら、「あらゆる知的活動 intervento intellettuale を排除しうるような人間の活動はない」（ノート12「知識人史ノート」§3）というグラムシ的観点で考えるならば、オムレツを作る「労働」も、消費過程を超えて何物かをのこす可能性は排除されないだろうし、逆にタイプライターで作品を書くことが「仕事」だからといって自動的にその耐久性と存続性が保証されるわけではないだろうからだ。ひょっとして、アーレントも、社会的諸関係を捨象しての精神労働と肉体労働の「機械的二分割論」（松田博著『グラムシ思想の探求』第5章「サバルタンと『ホモ・ファーベル』問題の射程」一一一～一一三ページ）、いいかえれば「ホモ・ファーベル（ものを作る人）」と「ホモ・サピエンス（知恵のある人）」の統一的把握ではなく「機械的分割論」（前掲書）という、グラムシの指摘する「方法論上の誤り」（前掲ノート12§1）におちいってはいないだろうか。

とはいえ、結論をだすのは時期尚早である。これも今後さらに深めるべき研究課題としたい。

［4］

「現代のホモ・ファーベル」の問題性を解明するにあたって、ティルゲルはアーレントの問題関心とはやや離れた問題群にも重大な関心を寄せている。この点にも一言しておきたい。ティルゲルは本書の最後の4章を「労働観の歴史への補遺——同系関連概念の哲学分析——」として「スポーツ」「遊び」「貯蓄」「贅沢」の問題の解明にあてている。ティルゲルの叙述にはイタリアの学者によくある「晦渋さ」もときおりみられるが、個人的体験も交えての散文的語り口はこの最後の4つの章で遺憾なく発揮されているように思われる。一九二九年に刊行されたた『ホモ・ファーベル』を書評でとりあげたコッラード・アルヴァロが肯定的に評価している点の一つも、「労働」と「スポーツ」の関係と資本主義世界における「貯蓄」の問題にあてられた章である。

「スポーツ」（第22章）では「労働の文明」が「スポーツの文明」に接近し、やがては「スポーツの文明」になる可能性も視野において論じられている。こうした発想もユニークで興味深いが、「貯蓄」（第24章）では「貯蓄の理論家ベンジャミン・フランクリン」と「反貯蓄の理論家ヘンリー・フォード」とを対比したうえで、ティルゲルは次の言葉でこの章を結んでいる。欧米および日本も含む発達した資本主義諸国における「大量消費社会」の出現にてらしてみても、今日でも十分通用する議論ではないだろうか。

「実際、アメリカでは本当に各人が稼いだものをすべて、さらにそれ以上を消費する。産業界は増え続ける製品の新しいはけ口を常に探し求め、需要のないところに需要が生まれるように、また需要のあるところではそれが無限に拡大するようにあらゆる手を尽くす。分割払いが買い物を奨励した。実際にこのシステムでは誰も手にしたものの真の所有者ではない。それは価格の全額を支払っていないからである。そして全額が支払われた時には、かなりの時間がたっているため品物はそれなりに消耗している。時間の価値は非常に大きく、修理する方が新品を買うよりも高くつくのである。」

「……怪物のように巨大化したアメリカの産業が、国内市場と征服を狙っている海外市場に放出する莫大な量の商品を吸収するために、なんとしても贅沢と消費を生み出す必要に迫られている、ということである。そして真の、また最大の消費は常に戦争であるから、国内および海外市場でもはや吸収しきれなくなった商品を消費する最も手っ取り早い方法として戦争が考えられる時が来るかもしれないのである。おそらく私はペシミストなのであろう。だが、世界の平和にとって最も危険なのは、まさに現在生じつつあるこの反・貯蓄の哲学であるように私には思えてならないのである。」（本書一八六～一八七ページ）

最近の米国におけるサブプライム・ローン問題などの実態を考えると、ティルゲルのこの警鐘ともとれるペシミスティックな予見が根本において外れているとは言えまい。グラムシも、既成の概念や公式にとらわれることなく「知識人」論や「アメリカニズムとフォーディズム」などにおいて「現代のホモ・ファーベル」の洞察に強い意欲を燃やしたが、ティルゲルの『ホモ・ファーベル』論にはその分析視点や洞察においてグラムシと折り重なる、あるいは多少先取りしている部分もあるように思われるが、これらの問題の検討も別の機会にゆずらざるをえない。

[5]

『ホモ・ファーベル』の著者ティルゲルについては、わが国ではほとんど馴染みがないといってよいだろう。イタリア近現代思想史の系譜のなかでティルゲルの略歴について簡単にあとづけてみたい。

アドリアーノ・ティルゲルは一八八七年、ナポリ県レジーナ（現在のエルコラーノ）に生まれ、ファシズム倒壊を見ることなく一九四一年にローマで54年の生涯を閉じた。一八九一年生まれのアントニオ・グラムシよりも4つ年上であるが、両者ともに第一次世界大戦、ロシア革命、第一次戦後危機、ファシズムの台頭と支配体制の確立など激動の時代を生き考え、変わりゆく時代の同じ空気を呼吸し共有する世代に属していたといっても差し支えあるまい。

20世紀初頭、イタリアの思想言論界では、ベネデット・クローチェ（一八六六－一九五二）により『クリティカ』が創刊され（一九〇三年）、そしてこの雑誌の穏健的な性格にくらべやや革新色の強い『レオナルド』が同年、作家ジョヴァンニ・パピーニ（一八八一－一九五六）、著述家ジュゼッペ・プレッツォリーニ（一八八二－一九八二）らによってフィレンツェで創刊された。ティルゲルは一九〇九年ナポリのG・B・ヴィーコ高等学校を卒業後、大学にすすみ、指導教授からクローチェを紹介される。一九一〇年から一九一二年にフィヒテやデカルトの翻訳を手がけるが、一九一四年あたりからクローチェとの関係がしっくりいかなくなり、しだいにジョヴァンニ・ジェンティーレ（一八七五－一九四四）に視線を向けるようになる。

おそらく大学を中退したのであろう、一九一〇年に司書としてトリーノに勤務（トリーノ大学図書館）、ベルグソン思想に出会うのもこのころといわれている。クローチェ美学、「理論と実践の区別」にもとづくクローチェ理論から離れる傾向もすでにはじまっていた。一九一二年にはアレッサンドリアの図書館へ異動となり、高校時代の同級生リヴィオ・デ・パオリスと結婚。グラムシがトリーノ大学に入学したのは一九一一年のことだから、ひょっとしてトリーノの大学図書館あたりで二人があいまみえることはあったかもしれない。

思想的学問的にティルゲルのクローチェ離れはジェンティーレへの接近を強めることになった。この背景にはクローチェの「認識と意志の二元論」への不満があったといわれる。一九一五年に最初の論集『先験的プラグマティズムの理論』を発表。一九一七年から一九一九年にかけて思想的にも個人的にもティルゲルの将来に影響を及ぼす重要な出逢いがあった。上院議員アルフレド・フラッサーティの紹介で『スタンパ』に寄稿を開始し、グラムシらが一九一九年に創刊した週刊『オルディネ・ヌオーヴォ』にも論戦家として登場するジャーナリスト、マリオ・ミッシローリ（一八八六－一九七四）との親交を深め、彼の紹介で『イル・テンポ』、『イル・レスト・デル・カルリーノ』の執筆協力者となり、文化・文明批評家として頭角をあらわした。

一九二一年には『世界危機およびマルクス主義と社会主義の論考』、『現代の相対主義者』などの論集を矢継ぎ早やに刊行、これらの作品のなかでティルゲルは彼独自の「危機の哲学」、「歴史主義的懐疑主義」をひっさげてヨーロッパ的規模の論議にもくわわっていった。

このころファシズムはまだ権力への階段をのぼる助走段階にあった。ティルゲルは時代の熱狂の渦に安易に巻き込まれることなく、頻発する不穏な諸事件にたいしも一歩距離をおく慎重な姿勢をくずさなかった。一九二二年以降、ジョヴァンニ・アメンドラ（一八八二–一九二六）の主宰する『イル・モンド』に協力、『ギリシャ的生命観』とともに、演劇批評の蓄積をもとに『現代演劇に関する研究』を発表、ピランデッロ演劇の良き理解者となった。グラムシも獄中書簡や獄中ノートのなかでティルゲルのピランデッロ論に再三にわたり批判的に言及しているが、このころ（一九二二年六月–一九二四年五月）グラムシはイタリア共産党のコミンテルン代表として故国を遠く離れ革命ロシアの首都モスクワ、ついでウイーンに滞在し、イタリア革命の展望を模索していた。

一九二四年はティルゲルの生涯において決定的ともいえる年であった。思想・文化界で最も注目される知識人の一人となっていたティルゲルは、ファシズム体制の公認のイデオロギーにすんなり右へならえはしなかった。このこともあって、体制側の敵意と妬みを買うことになり、アレッサンドリアの図書館の司書の地位を辞職せざるを得なくなる。ティルゲルを辞職に追い込んだ背景には、当時の公教育大臣ジョヴァンニ・ジェンティーレによる直接の介在があったといわれている。

このころ『自由主義革命』を主宰するピエロ・ゴベッティ（一九〇一–一九二六）らとともに、ジェンティーレの「能動的観念論［attualismo］」との論戦を挑んだのもティルゲルである。一九二五年にゴベッティ出版社から刊行された『驕れる野獣の追放』は、ジェンティーレ哲学の徹底的批判であった。皮肉にもこのタイトルはイタリア・ルネッサンス期の哲人ジョルダーノ・ブルーノの著書のタイトルをそのまま使ったものである。

ゴベッティはファシストの迫害を逃れてフランス・パリに亡命、その後間もない一九二六年二月病死した。同年、それまで強い協力関係にあった『イル・モンド』が閉鎖に追い込まれた。反ファシズム・リベラルとして反全体主義の鋭い論陣をはったジョヴァンニ・アメンドラも、ファシスト突撃隊に襲われたときの傷がもとでフランスのカンヌで死亡した。

こうしてティルゲルも、沈黙を余儀なくされ批評活動も断念せざるを得なくなった。この重苦しい時代状況のなかで一九二九年に上梓されたのが本書『ホモ・ファーベル』である。『ホモ・ファーベル』は刊行と同時に国際的な反響をよび、翌一九三〇年にフランスおよびアメリカ合衆国でほぼ同時に翻訳・出版された。本書の第20章「労働と文化」でかなり厳しいジェンティーレ批判が見られるのをのぞけば、当時の体制側の政治・文化への明確な批判は本書には含まれていない。というよりも、労働観については革命ロシアのボリシェヴィキ労働観もイタリアのファシズム労働観も「国家観の一般的な枠組み」の中に包摂されている限界を言外に意識しながらも、「労働」の定義に限っていえば、ファシズムの労働観（労働憲章）のほうが当時の〝社会主義ソ連邦〟の労働観よりも「狭さ」から免れているとの評価も見られる。ただ興味深かいのは、アントニオ・ブルワーの著書にもとづいて、ファシストの労働憲章の基礎にある「労働観」がイタリア・リソルジメント〔国家的統一運動〕のあらゆる傾向の思想家に共通する考え方であったことを指摘していることである（本書一一五ページ）。一九四八年発効した現イタリア共和国憲法の第一条も「イタリアは労働に基礎を置く民主的共和国である」（強調は引用者）と、リソルジメント運動との歴史的継承性をにおわす「労働」がわざわざ挿入されているのは印象的である。

イタリアだけをとって見れば、一九二九年は一党独裁というファシズム支配体制が名実ともに確立し安定期を迎えていた時期と重なる。同年二月にはイタリア国家とバチカン法王庁とのあいだでラテラーノ協定（コンコルダート）が締結され両者の関係にかんする一連の問題が一応の決着を見た。

しかしながら翌一九三〇年、ティルゲルは治安上の危険人物としてファシスト警察の監視下に置かれることになった。

〔6〕

イタリア近現代思想史の文脈のなかでティルゲルをどのように位置づけるかをめぐってはイタリアの学者、研究者のあいだでも意見が分かれている。それは一つには、ティルゲルの思想形成期でもある20世紀最初の20年間に、親クローチェから反クローチェへ、親ジェンティーレから反ジェンティーレへとティルゲル自身がたどった屈折する思想的政治的軌跡とも無関係ではないだろう。ヨーロッパ規模でいえば、エトムント・フッサール、ポール・ヴァレリー、ヨハン・ホイジンガ、トーマス・マン、アーノルド・J・トインビー、オルテガ・イ・ガセット、ロベルト・ムージル、イタロ・ズヴェーボ、ジークムント・フロイトなどいわゆる「危機の時代の哲学者・文人」の系譜のなかに、ティルゲルの名もあげることはできるかもしれない。

ティルゲルは、アメリカ合衆国、ロシア（ソ連邦）の台頭を受けてヨーロッパ中心史観・文明観を批判したオズヴァルド・シュペングラー（一八八〇－一九三六）『西欧の没落』（一九一八）の中に文明の没落の危機を目ざとく読み取った知識人の一人であった。『世界危機』（一九二一）においては、文明の《もろさ》を意識する「懐疑主義」の立場から、台頭するファシズムに、第一次大戦で最も大きな打撃を受けこの戦争によって生みだされた危機的状況に最も敏感に反応した「典型的な小ブルジョア現象」を見た。『現代の相対主義者』（一九二一）では、「行動で残されるものは否定的な内容、すなわち現存秩序の転倒を目的とする以外にはない。…行動が自らに課すことができる唯一の目的は、存在するものを絶滅させることである。この観点から見るならば、相対主義は革命を準備するだけではない。相対主義自体が本質的に革命的である」と書いた。この本が出版された直後、ファシスト党の党首ベニート・ムッソリーニ

（一八八三ー一九四五）は論説「相対主義とファシズム」で「ファシズムは超相対主義的運動である。……我々は実にすぐれて相対主義者であり、我々の行動はヨーロッパ精神の最もアクチュアルな諸運動に直接立脚している」（『ポーポロ・ディターリア』一九二一年一一月二二日）と宣言した。「ローマ進軍」のおよそ1年前のことである。シュペングラーはフランスのサンディカリストの理論家ジョルジュ・ソレル（一八四七ー一〇二二）とともにムッソリーニが最も心酔した思想家だといわれている。そのシュペングラーのイタリアにおける最初の普及者がティルゲルであった。

おそらくこうした初期ティルゲルの親ファシズムともとれる立場とも関連して、イタリアの著名な歴史学者エウジェニオ・ガレン（一九〇九ー二〇〇四）のティルゲル評価は総じてネガティブである。「落ち着きのないティルゲルは必ずしも首尾一貫した思想家でも息の長い思想家でもない」（『イタリア哲学史（一九〇〇ー一九六〇）』、二八七頁）「残念ながらティルゲルは、あらゆる根本的に重要な価値を反歴史に帰属させることによって、クローチェ的展望を歴史ー反歴史の弁証法のなかで不手際にひっくりかえそうとしただけではない。こっそりと彼の果敢なるファシズム賛美をおこなう方法を発見したのだ」（前掲書、二八八頁）。

しかし、こうしたファシズム賛美を根拠としたティルゲルへの否定的評価には公平さを欠くとの見方もある。その理由としては、ティルゲルはクローチェの「反ファシズム知識人宣言」

への署名者の一人であること、ピランデッロは一九二四年にファシスト党に入党するがティルゲルはそこまでコミットしていないこと、それどころか反ファシズムの立場にたつ『イル・モンド』に廃刊されるまで協力をおしまず、『自由主義革命』のピエロ・ゴベッティとも協同関係にあったこと、さらに統一社会党の若手指導者カルロ・ロッセッリ（一八九九－一九三七）（ガエターノ・サルヴェーミニ（一八七八－一九三七）とともに反ファシズムの論客、一九三〇年流刑地で「リベラル社会主義の宣言」を発表。政治運動《正義と自由》を結成したが、一九三七年亡命先のフランスでムッソリーニの手先によって弟のネッロとともに暗殺された）が創刊した『第四身分』にも寄稿していること、などがあげられる。

一九三一年に体制への忠誠を拒んで大学の教壇を追われ、教会からも破門されたにもかかわらず最後まで反ファシズムの立場をつらぬいたカトリック神学者エルネスト・ボナユーティ（一八八一－一九四六）の回想によれば、哲学者であることの偉大さは独自の体系の諸前提を、そのありうべき結果までをも含めて体験すること、ここにすべてがあることをティルゲルはいつも強調していたという（『ローマの巡礼者。脱出の世代』）。

いずれにしろイタリア近現代思想史におけるティルゲルの位置について、一方的に〝右派の思想・文化圏〟に封印してしまうことには疑問がのこる。彼の思想的系譜を改めて総合的に研究することはイタリア近現代思想史の今後の課題となるだろう。

＊　＊　＊

本書の翻訳は村上桂子が第2章、第3章、第5章、第6章、第7章、第8章、第10章、第11章、第21章、第23章、第24章、第25章を、小原耕一が第1章、第4章、第9章、第12章、第13章、第14章、第15章、第16章、第17章、第18章、第19章、第20章、第22章を分担し、両者で訳語の調整、統一をおこなった。

翻訳にあたってはイタリア語初版 Adriano Tilgher, HOMO FABER, STORIA DEL CONCETTO DI LAVORO NELLA CIVILTA OCCIDENTALE, ANALISI FILOSOFICA DI CONCETTI AFFINI, ROMA LIBRERIA DI SCIENZE E LETTERE, PIAZZA MADAMA, 19-20, 1929を底本にし、アーレントが精読したであろう英語版（Adriano Tilgher, Homo faber: Work: What it has meant to men through the ages, Introductions by Ronald Gross and Dorothy Canfield Fisher, GATEWAY EDITION, Henry Regnery Company, Chicago）も参照した。

イタリア語原典には著者の〔脚注〕ないしは〔原注〕はほとんどほどこされていない。したがって各章の末尾に人名および事項について可能な範囲で〔注〕を付すことにした。

英語版は淑徳大学国際コミュニケーション学科のポール・ジーグラー教授がわざわざ米国の古書店から取り寄せ提供してくれた。この場をかりて厚く感謝したい。

最後に、出版不況の続くなか、この種の専門書の出版を快諾された社会評論社の松田健二社長に心から御礼申し上げる。

〔アドリアーノ・ティルゲル著作一覧〕

Arte, Conoscenza e Realtà『芸術、認識および現実』Bocca, Torino, 1911.
Teoria del Pragmatismo trascendentale『先験的プラグマティズムの理論』Bocca, Torino, 1915.
Filosofi Antichi『古代の哲学者』Atanor, Todi, 1921.
La crisi mondiale e saggi di socialismo e marxismo『世界危機および社会主義とマルクス主義の論集』Zanichelli, Bologna, 1921.
Voci del Tempo『時代の声』Libreria di Scienze e Lettere, Roma, 1921.
Relativisti contemporanei『現代の相対主義者』Libreria di Scienze e Lettere, Roma, 1921.
Studi sul teatro contemporaneo『現代演劇に関する研究』Libreria di Scienze e Lettere, Roma, 1923.
Ricognizioni『偵察』Libreria di Scienze e Lettere, Roma, 1924.
La scienza e la vita『科学と生命』Libreria di Scienze e Lettere, Roma, 1925.

Lo spaccio del bestione trionfante『驕れる野獣の追放』Gobetti, Torino, 1925.

La visione greca della vita『ギリシャ的生命観』Libreria di Scienze e Lettere, Roma, 1926.

Saggi di etica e di filosofia del diritto『倫理学と法哲学論集』Bocca, Torino, 1928.

Storia e Antistoria『歴史と反歴史』Quaderni critici raccolti da D. Petrini VI, Biblioteca editrice, Rieti, 1928

Homo faber『ホモ・ファーベル』Libreria di Scienze e Lettere, Roma, 1929.

La poesia dialettale napoletana 1880–1930,『ナポリ方言詩 1880–1930』Libreria di Scienze e Lettere, Roma, 1930.

Julien Benda e il problema del "Tradimento dei chierici"『ジュリアン・バンダと「知識人の裏切り」の問題』Libreria di Scienze e Lettere, Roma, 1930.

Estetica『美学』Libreria di Scienze e Lettere, Roma, 1931.

Filosofi e moralisti del novecento,『20世紀の哲学者およびモラリスト』Libreria di Scienze e Lettere, Roma, 1932.

Etica di Goethe,『ゲーテの倫理学』Maglione, Roma, 1932.

Studi di Poetica『詩学研究』Libreria di Scienze e Lettere, Roma, 1934.

Cristo e noi『キリストと我々』Guanda, Modena, 1934.

Critica dello storicismo『歴史主義の批判』Guanda, Modena, 1935.
Antologia dei filosofi italiani del dopoguerra,『戦後イタリア哲学者のアンソロジー』Guanda, Modena, 1937.
Filosofia delle morali『道徳哲学』Libreria di Scienze e Lettere, Roma, 1937.
Moralità『倫理』Libreria di Scienze e Lettere, Roma, 1938.
Le orecchie dell'Aquila『鷲の耳』Religio, Roma, 1938.
La filosofia di Leopardi『レオパルディの哲学』Religio, Roma, 1940.
Il casualismo critico『批判的偶然論』Bardi, Roma, 1941.

〔遺作〕
Mistiche nuove e Mistiche antiche『新旧の神秘主義』Bardi, Roma, 1946.
Tempo nostro『我らの時代』Bardi, Roma, 1946.
Diario politico 1937–1941『政治日誌 1937–1941』Atlantica, Roma, 1946.
Scienza e Morale『科学とモラル』Bardi, Roma, 1947.
Pensieri sulla storia『歴史についての随想』Bardi, Roma, 1952.

訳者紹介

小原耕一（おはら・こういち）

1964年慶応義塾大学仏文科卒業。

国際グラムシ学会調整委員。元『赤旗』プラハ、ローマ特派員。主な共訳書にN・ボッビオ『グラムシ思想の再検討』（御茶の水書房）、A・レプレ『囚われ人アントニオ・グラムシ』（青土社）、A・ネグリ『帝国をめぐる五つの講義』（青土社）ほか。

村上桂子（むらかみ・けいこ）

1968年国際基督教大学人文科学科卒業、英語翻訳、イタリア語翻訳に従事。主な共訳書に『グラムシ獄中ノート・シリーズ　ノート22《アメリカニズムとフォーディズム》』（いりす）、『ロナウジーニョ』（ごまブックス）ほか。

ホモ・ファーベル——西欧文明における労働観の歴史

2009年11月30日　初版第1刷

著　者————アドリアーノ・ティルゲル
訳　者————小原耕一・村上桂子
発行人————松田健二
発行所————株式会社 社会評論社
東京都文京区本郷2-3-10
☎03(3814)3861　FAX 03(3818)2808
http://www.shahyo.com
装幀・組版———閏月社
印　刷————倉敷印刷
製　本————東和製本